TRAITÉ

DE PRONONCIATION.

A. GUYOT, IMPRIMEUR DU ROI,

Rue Neuve-des-Petits-Champs, N° 37.

TRAITÉ

DE

PRONONCIATION,

OU

NOUVELLE PROSODIE FRANÇAISE,

Par Mme Sophie Dupuis,

MEMBRE DE LA SOCIÉTÉ DES MÉTHODES,
DE LA SOCIÉTÉ GRAMMATICALE, etc.

Le génie des langues existe long-temps dans les
langues à l'insu des hommes qui les parlent.

(BALANCHE, *Palingénésie sociale*).

Paris, chez

L. HACHETTE, Libraire de l'Université royale de France, rue
Pierre-Sarrasin, n° 12;

DELALAIN, rue des Mathurins-Saint-Jacques, n° 5;

COLAS, Libraire, rue Dauphine, n° 32;

A. GUYOT ET SCRIBE, rue Neuve-des-Petits-Champs, n° 37.

L'AUTEUR, rue de l'Ouest, n° 24, et rue Cassette, n° 8, faub.
Saint-Germain.

1836.

EXTRAITS

de Rapports.

EXTRAIT DU RAPPORT

Fait par M. Sabatier.

La Société des Méthodes ayant nommé une
Commission pour examiner notre ouvrage sur
la *Prononciation*, M. Sabatier a fait un rapport, dont nous allons donner la substance.

« Les difficultés excessives, dit M. le rappor-
« teur, qu'éprouvent les étrangers à prononcer
« la langue française, l'accent vicieux, et la
« prononciation, plus vicieuse encore, d'un
« grand nombre de nos provinces, font chaque
« jour sentir plus vivement le besoin d'un ou-
« vrage dont l'objet spécial serait de régler les
« principes d'une prononciation pure et cor-
« recte. Notre langue, devenue aujourd'hui
« celle de la diplomatie, parlée presque vul-
« gairement chez toutes les nations de l'Europe,
« doit être rendue plus facile aux étrángers;
« notre système de gouvernement, qui appelle
« à la représentation nationale des hommes de
« toutes nos provinces, veut aussi qu'on s'ap-
« plique à corriger chez les nationaux ces vices
« choquants de prononciation qui éloignent de

a.

« la tribune un grand nombre d'orateurs, et
« privent le pays de vues utiles puisées dans la
« connaissance des localités. C'est à remplir
« cette lacune, à satisfaire à ce besoin, que
« l'auteur destine l'ouvrage soumis en ce mo-
« ment à votre examen. N'est-il pas en effet dé-
« plorable que cette partie si importante du
« langage ne soit encore chez nous l'objet d'au-
« cune étude spéciale? que nous soyons restés
« privés, jusqu'à ce jour, d'un bon traité de
« prononciation? car nous convenons avec l'au-
« teur que l'étude des *longues* et des *brèves*
« est loin de suffire pour former à une pronon-
« ciation correcte.

« Disons donc que, si madame Dupuis a doté
« son pays d'un bon traité de prononciation,
« elle a élevé un monument national et rendu
« un service qui lui donne des droits à nos éloges
« et à notre reconnaissance. »

Entrant immédiatement après dans le système
de notre ouvrage, M. Sabatier reconnaît avec
nous que l'accentuation actuelle est bien loin de
répondre au besoin de la prononciation. « Des
« faits nombreux, dit-il, viennent à l'appui de
« cette opinion, et prouvent, jusqu'à la der-
« nière évidence, qu'une voyelle affectée du

« même accent a une inflexion variée dans des
« mots différents. »

Rappelant ensuite les diverses époques où la
littérature française s'est élevée à un haut degré
de splendeur, c'est-à-dire depuis Louis XIV jusqu'à nous, il reconnaît aussi que l'usage exerce
un empire despotique, même sur ceux qui voudraient se soustraire à son influence et conserver
le plus long-temps possible les formes du langage savant. « Toutefois, dit M. Sabatier, ne
« donnons pas à ce principe plus d'extension
« qu'il ne doit en avoir. »

Enfin, après avoir examiné un petit nombre
de passages relatifs à quelques modifications in-
troduites dans le langage ordinaire, modifications qu'il attribue à une prononciation altérée
plutôt qu'à une prononciation nationale, M. Sabatier ajoute :

« Ce sont là, Messieurs, de ces défauts de
« détails dont bien peu de livres sont exempts.
« Nous nous sommes fait un plaisir de les indi-
« quer à l'auteur, qui a goûté plusieurs de nos
« observations, et a paru disposée à les mettre
« à profit. Nous aurions voulu aussi trouver
« dans une prosodie quelques principes sur le jeu
« des organes dans leurs rapports avec la pro-

« nonciation. Cette partie physiologique de l'art
« nous paraît devoir en être considérée comme
« le complément indispensable. Si l'auteur a
« pensé que des hommes spéciaux pouvaient
« seuls traiter cette matière, elle aurait dû ap-
« peler l'attention sur un objet d'une si haute
« importance (1).

---

(1) Nous remercions M. le rapporteur d'avoir émis un vœu
que nous avons l'intention de réaliser plus tard, et que nous aurions devancé si la difficulté du sujet n'avait retardé nos efforts;
nous avions même déjà commencé à étudier les différentes prononciations des langues vivantes de l'Europe; nous avions ras-
semblé de nouveaux matériaux; mais, semblable au voyageur
qui se croit au terme de sa course, et qui au détour d'un bois
ou d'une colline voit s'étendre devant lui le chemin qui lui
reste à faire, nous nous sommes arrêtée pour reprendre haleine. Nous espérons toutefois remplir bientôt cette lacune, et
donner à nos lecteurs un travail séparé que nous tâcherons de
rendre le plus complet possible.

Quant aux autres objections qui nous ont été faites, on en
trouvera la solution dans des notes explicatives placées selon
l'ordre et le rang qu'elles doivent occuper, soit que nous ayons
eu l'avantage de profiter de quelques-unes de ces mêmes objections, soit que notre propre conviction nous ait forcée de
les combattre.

Nous ne terminerons pas cet article sans ajouter la manifes-
tation de nos sentimens pour la critique éclairée et toute de

« Telles sont, Messieurs, les observations
« que nous a fournies l'examen attentif de l'ou-
« vrage de madame Dupuis. Son *Traité de Pro-*
« *nonciation,* écrit d'ailleurs avec autant de
« correction que d'élégance, prouve chez l'au-
« teur un talent de style fort remarquable ; la
« distribution de l'ouvrage atteste un excellent
« esprit d'analyse, et l'étude approfondie des
« faits, un travail de conscience. L'auteur nous
« apprend elle-même que son livre est le ré-
« sultat de dix-sept années d'un travail opiniâtre.
« Nous croyons pouvoir affirmer que ce traité,
« entièrement différent des prosodies publiées
« jusqu'à ce jour, sera d'une très-grande res-
« source aux étrangers et aux habitants de nos
« provinces, et même aux Parisiens. La classi-
« fication des règles, la netteté avec laquelle
« elles sont formulées, leur nombre peu consi-
« dérable, tout cela permet de les saisir et de
« les retenir avec assez de facilité.

---

bienveillance des membres de la Société des Méthodes et de
la Société Grammaticale, de MM. le baron Silvestre, de
Lalande-Hadley, Lourmand, Sabatier, Soto-Ochando, Touvenel, etc., qui ont bien voulu nous donner leurs avis, et dis-
cuter différents points de notre ouvrage avec cette politesse et
cette urbanité qui distinguent de nos jours les sociétés savantes.

« D'après toutes ces considérations, nous
« avons l'honneur de vous proposer, Messieurs,
« d'adresser à l'auteur les encouragements et
« les éloges que mérite un ouvrage si éminem-
« ment utile, et de l'autoriser à donner à votre
« rapport toute la publicité qu'elle jugera con-
« venable. »

Les conclusions de ce rapport ont été adoptées
par le Conseil, dans la séance du 9 juin 1835.

Signé LOURMAND,
Secrétaire général.

EXTRAIT DU RAPPORT

Fait par M. Touvenel

A LA SOCIÉTÉ GRAMMATICALE.

« Parmi la foule des livres didactiques, dit
« M. Touvenel, qui surgissent de tous les côtés,
« nous devons à la vérité de reconnaître que
« celui-ci se distingue et par le fond et par la
« forme.

« L'auteur, du moins d'après la marche
« qu'elle a suivie, paraît ne s'être crue nulle-
« ment liée par ceux qui l'ont devancée dans
« la carrière.

« C'est une suite d'observations sur les
« voyelles et les consonnes, et sur les rapports
« si nombreux, si intimes et si variés qui ré-
« sultent de leurs combinaisons.

« Ces observations ont été faites en présence
« des faits qui, partout dans l'ouvrage, pré-
« cèdent le raisonnement. C'est donc l'inverse
« de la marche malheureusement habituelle qui
« semble n'admettre les faits que comme con-

« séquence du principe, tandis qu'au contraire
« les règles doivent naturellement venir après
« l'examen de ces faits, et résulter de leur com-
« paraison.

« De nombreuses citations, faites du reste
« avec habileté, attestent avec quel courage
« madame Dupuis a analysé tous les traités que
« nous connaissons.

« Elle oppose entre eux les auteurs qui ont
« acquis le plus de réputation en traitant de la
« prosodie, et en déduit des conclusions aux-
« quelles nous avouons qu'il serait difficile de
« résister.

« Ensuite l'auteur se livre à un examen ap-
« profondi de nos voyelles, les suit dans tous
« leurs emplois, fait remarquer à ce sujet toute
« l'influence que leur prononciation doit avoir
« dans la lecture; combien l'oubli de leur va-
« leur peut décolorer un récit, une conversa-
« tion, et combien, d'un autre côté, le lecteur
« ou l'orateur attentif peut trouver de ressource,
« de puissance, dans l'emploi consciencieux et
« senti de leur combinaison.

« Elle se livre au même examen à l'égard des
« consonnes, montre clairement toute la lu-
« mière que la grammaire et la littérature peu-

« vent tirer de la connaissance d'une prosodie
« ainsi déduite de la comparaison des faits.
« Quant à la forme de l'ouvrage, il était impos-
« sible qu'il ne fût point en harmonie avec le
« fond. L'auteur, en relation continuelle avec
« nos meilleurs écrivains, avec nos orateurs les
« plus distingués, devait rapporter de leur com-
« merce une facilité d'expression, une vérité
« d'images, une justesse d'observation que,
« sans doute, une heureuse disposition naturelle
« secondait encore.

« Nous ne prétendons pas soutenir, néan-
« moins, toutes les doctrines de l'auteur; quel-
« que philosophiques que nous aient paru ses
« observations, quelle que soit l'harmonie qu'elle
« ait su mettre dans son style, il est des consi-
« dérations que nous n'avouerions pas; ainsi,
« nous ne pensons pas comme elle que la langue
« latine et la langue grecque le cèdent en res-
« sources prosodiques à la langue française;
« mais cette vieille thèse a eu tant de contra-
« dicteurs, que nous concevons qu'elle puisse
« être encore long-temps débattue avant d'avoir
« une conséquence sans réplique.

« Ce que nous croyons fermement, c'est que
« le livre de madame Dupuis sera toujours un

« excellent livre, parce que la méthode en est
« philosophique, puisqu'elle procède des faits
« aux principes ; parce que les rapprochements
« ingénieux qu'elle a su faire de ces faits pris
« dans nos bons auteurs et des doctrines des
« différents grammairiens, sont tout-à-fait
« propres à déterminer l'esprit à suivre la vraie,
« la seule méthode, l'analyse, et à laisser des
« connaissances précieuses pour le lecteur, le
« grammairien, le littérateur, et l'écrivain en
« général. »

INTRODUCTION.

Jusqu'à présent, sous le nom de *longues* et de *brèves*, on s'est beaucoup occupé de la quantité plus ou moins considérable des syllabes, sans que ce travail ait procuré un avantage réel aux étrangers ni aux personnes de la province. En effet, ce que les grammairiens appellent *la quantité* n'est bien souvent qu'un point imperceptible dans la prononciation, et d'ailleurs, quelle que soit l'augmentation d'une syllabe, elle ne détermine pas plus la nuance des sons, que la largeur ou la pesanteur ne détermine la teinte des objets, ou que la durée en musique ne détermine l'intervalle d'une note à une autre. La connaissance des sons que la langue écrite n'apprend pas toujours, n'a donc pas été suffisamment approfondie par le système des *longues* et des *brèves;* du moins c'est notre avis.

La plupart de nos voyelles varient leur son; l'*e*, par exemple, se modifie de cinq manières; les voyelles *a*, *o*, le son *eu*, prennent aussi deux inflexions différentes, et souvent aucun signe n'en marque les variations, l'usage permettant, en mille occasions, de supprimer les accents qui devraient être inséparables des voyelles fortes, à moins que des règles certaines ne suppléassent à cette omission.

Convaincue que ces règles devaient exister, l'auteur de cet ouvrage ne s'est plus attachée qu'à les découvrir, et c'est au milieu de ses recherches que s'est développé à ses yeux le principe admirable de notre prosodie, qui veut que nos voyelles soient modifiées, non d'après les accents dont elles sont affectées, mais d'après les sons qui les précèdent ou ceux qui les suivent. Il est certain que l'harmonie d'une langue consiste principalement dans le juste accord des syllabes, en sorte que l'oreille ne puisse être blessée d'aucune de ces dissonances que fait naître l'assemblage de sons durs ou antipathiques, et qui, comme autant de notes fausses, détruisent tout le système harmonique du langage.

Un séjour de quelques mois en province a donné l'idée de ce travail, en faisant sentir la nécessité de substituer, à la manière ordinaire, une méthode et des règles de prononciation auxquelles on n'avait pas songé jusqu'à ce jour. Nous ne nous dissimulons pas néanmoins ce que nous pouvons avoir à craindre du préjugé et de la routine, qui ne manquent jamais de s'élever contre les choses nouvelles, sous prétexte qu'un auteur veut innover; ne lui tenant compte ni de sa persévérance, ni des obstacles sans nombre

à travers lesquels il poursuit consciencieu-
sement sa carrière. Cependant un ouvrage
qui a coûté plusieurs années de travail, qui
a été repris à différentes fois, pour donner
le temps à la réflexion d'exercer sur soi-
même cet esprit de critique, sans lequel
rien ne s'achève et ne se perfectionne, aurait bien du malheur s'il ne contenait rien
de ce que l'auteur s'est proposé d'y mettre.

Si l'on doutait de cette faculté qu'ont
plusieurs sons de modifier ceux qui les
précèdent, particulièrement les *e*, nous
prierions les personnes douées d'une oreille
délicate, d'écouter attentivement et de com-
parer le son de l'*e* que nous soulignons
dans les mots délibératif, dénéral, élévation, célébration, discrétion, secrétariat,
catéchuménat, nous possédons, nous pos-
sédâmes; avec *féter*, *hébété*, *pécher*, *péché*, *prêter*, vous *possédez*, vous *possédiez*,
alors elles s'apercevront sans peine que
les *e* soulignés ci-dessus subissent toutes
les variations indiquées à la page 27 et suivantes, sans égard aux accents dont ils

sont affectés; c'est-à-dire que les *e* des neuf premiers exemples sont moyens ou demi-ouverts, tandis qu'ils sont entièrement fermés dans *féter*, *préter*, *pécher*, parce que le son de ces différents *e* est déterminé non par les accents, mais par les voyelles qui les suivent; et certes, d'après les règles que nous avons établies, on donnera une intonation plus juste à l'*e* marqué de quelque accent que ce soit, qu'en suivant la routine ordinaire. Il est à remarquer que la plupart des grammairiens qui ont traité de nos voyelles n'ont jamais abordé franchement la question de certains *e* évidemment fermés, comme dans *féter*, *préter*, vous *fétez*, vous *prétez*; ni de ceux que nous appelons moyens ou demi-ouverts, comme dans nous *fétons*, nous *prétons*, vous *prétâtes*, vous *fétâtes*, parce que la plus simple attention d'oreille aurait suffi pour détruire leur assertion, et par cela même ils ont reconnu tacitement la véritable prosodie que nous avons, non pas imaginée, mais tâché de rétablir.

En effet, s'ils prétendent que l'*e* marqué de l'accent circonflexe est toujours ouvert, pourquoi ont-ils craint de donner pour exemple *féter*, *prêter* (1), etc.? D'un autre côté, s'ils veulent que tous les *e* marqués de l'accent aigu soient fermés, pourquoi n'in-

---

(1) Cependant Domergue a dit : « L'*e* est grave dans *mêler*; on prononce aussi grave *plaisir*, *baisser*, etc. »

Nous demandons pardon à Domergue, mais quelqu'un qui prononcerait ainsi rendrait l'*e* et son identique *ai* tout-à-fait faux.

« Pour exprimer le son *e* dans *je lisais*, ajoute le même auteur, il faudrait un *e* grave, et dans *il lisait*, un *e* moyen. »

Si Domergue avait mieux compris la nature du *t* et de l'*s*, et leur influence en certains cas, il aurait reconnu que la voyelle *ai* a la même intonation dans ces deux exemples. C'est cependant ce même Domergue qui a fait cette excellente observation : « Toute émission fausse rompt l'accord qui doit régner entre le son et l'organe; on peut appliquer à toute phrase parlée ces deux vers de Boileau :

Le vers le mieux rempli, la plus noble pensée,
Ne peut plaire à l'esprit quand l'oreille est blessée. »

diquent-ils pas élévation, célébration, etc., et encore *fève, collège*, et autres mots semblables, que quelques grammairiens continuent à écrire *féve, collége*, sans donner aucune bonne raison de cette fausse accentuation ?

D'ailleurs, si l'on veut examiner la nature des accents, on verra qu'ils sont souvent très-éloignés de remplir les fonctions auxquelles on les croit destinés. L'accent circonflexe, par exemple, est bien moins un signe d'intonation qu'un signe étymologique, qui sert seulement à rappeler la suppression de l'*s* (1), consonne si fréquem-

______

(1) On a eu raison, dans la nouvelle manière de faire assembler les lettres aux enfants, de substituer *be, ce, de*, etc., à *bé, cé, dé*, etc.; mais dans un ouvrage d'analyse et non d'épellation, où chaque lettre, considérée sous le rapport de son influence prosodique, est prise à part et substantivement, il nous a semblé que l'ancienne dénomination était préférable; de très-bons grammairiens n'ont jamais cessé de s'en servir. D'ailleurs il n'est pas dans le génie de notre langue d'employer pour substantifs des mo-

ment et si abusivement employée dans notre ancien langage, comme dans *maistre,*
maistresse, prestre, arrest, fresle, gresle,
chesne, chaisne, enchaisner, abisme, plu-
tost, qu'il allast, qu'il trouvast. Lorsqu'on
commença à ne plus articuler l'*s,* pour empêcher sans doute qu'on ne s'y trompât, on
la plaça au-dessus de la voyelle à laquelle
elle avait appartenu auparavant, car il est
évident que l'accent circonflexe est la fi-
gure d'une *s* renversée, ce qui est surtout
sensible dans l'écriture à la main.

Peut-être aurait-on dû ne conserver cet
accent que quand il influe sur la voyelle.
Ainsi, par exemple nous représentons aujourd'hui d'une manière correcte les anciens mots, *lasche, saint Hiérosme, saint*

---

nosyllabes sans voyelles sonores; nous n'avons de
monosyllabes à *c* faible que les particules *de, ne, que,*
les pronoms *je, me, se, te, ce, le.* Ces petits mots sont
rarement susceptibles de recevoir l'accent oratoire
ou de finir la phrase; voilà pourquoi ils peuvent,
sans inconvénient, prendre un *e* sourd.

Jérosme, Cosme, hoste, le nostre, le vostre, en écrivant *lâche, saint Hierôme, saint Jérôme, Côme, hôte, le nôtre, le vôtre.* Mais il aurait fallu supprimer entièrement l'*s* dans les mots où elle était devenue inutile, comme nous l'avons déjà fait dans *coutume,* qui s'écrivait aussi *coustume,* et comme nous devrions encore le faire dans *abîme, hôtellerie, hôtel, maîtrise, qu'il allât, qu'il trouvât,* etc., puisqu'ici l'accent représentatif de l'*s* n'influe en rien sur la voyelle.

Un ancien grammairien considère l'accent grave et l'accent aigu comme les deux branches séparées de l'accent circonflexe. Cette remarque est ingénieuse et pourrait nous donner un excellent systéme d'accentuation, si l'on se servait de l'accent aigu, ou première branche de l'accent circonflexe, pour les *e* évidemment fermés, et de l'accent grave, ou seconde branche de l'accent circonflexe, pour les *e* moyens et les voyelles demi-graves ; la réunion des deux branches formant ensuite l'accent circon-

flexe pour les *e* ouverts et pour toute espèce de voyelles fortes.

Quant aux *longues* et aux *brèves*, qu'il
nous soit permis de hasarder ici notre sentiment; les auteurs qui en ont fait une étude
particulière semblent les avoir admises
comme complément du style et du beau langage. Il existe une infinité de traités où l'on
en parle avec une conviction admirable;
chaque grammairien a cru devoir payer son
tribut en ce genre; cependant tous nos vices de prononciation, tous nos accents de
province subsistent encore; nous doutons
même que nos grands écrivains aient eu
une connaissance bien parfaite de ce que
les grammairiens ont appelé la *quantité*.
La véritable prosodie consiste en effet dans
le mélange heureux des sons, plus que dans
leur durée; il suffit d'une oreille attentive
et délicate pour employer ce genre d'harmonie qui naît de la combinaison de nos
voyelles douces avec nos voyelles fortes,
sans que le nombre de celles-ci l'emporte jamais sur l'autre. Il est digne de remarque

que les écrivains qui nous ont donné des préceptes touchant les *longues* et les *brèves*, écrivains pour la plupart corrects et élégants, ont employé cette même prosodie de sons à laquelle ils ont donné un fondement imaginaire.

Ne se pourrait-il pas que notre système des *longues* et des *brèves* se fût introduit en France à la renaissance des lettres? Nos premiers savants, regardés comme des oracles, affectant un langage pédantesque, dont on trouve encore des traces dans quelques-unes de nos anciennes comédies, et désirant peut-être donner à la langue française une physionomie grecque ou latine, ne durent-ils pas imaginer une espèce de cadence ou repos propre, selon eux, à les distinguer du vulgaire et à rappeler parmi nous l'accent harmonieux des Grecs, mais qui, bien examiné, pouvait n'être qu'une imitation de celui de la langue italienne, qui commençait alors à s'élever entre les langues modernes, par les poésies célèbres de Dante et de Pétrarque?

Quelques personnes douées d'un tact plus fin, d'un goût plus délicat, s'apercevant que cette parure étrangère ne convenait point à la langue française, la firent disparaître sans doute peu à peu, ou ne s'en servirent jamais; cependant le respect pour les auteurs d'une découverte que l'on croyait précieuse, laissa subsister la tradition des *longues* et des *brèves,* qui, quoique en partie sans application, n'en est pas moins devenue un dogme en littérature que chacun reçut sans examen. Ainsi ce préjugé a pu se fortifier de ce qu'on croyait l'assentiment des gens de lettres des temps modernes, mais qui n'a été chez la plupart qu'indifférence et inattention.

Quelques passages pris entre mille excuseront nos doutes et donneront du poids à nos observations : « Toute syllabe masculine, quelle qu'elle soit, brève ou non, dit d'Olivet, est toujours longue au pluriel. »

Ici certainement la vue trompe l'oreille, et le préjugé la raison, car il est impossible de trouver la moindre différence entre *le sac, les sacs, le sel, les sels, le pot, les pots,* à moins que la prononciation n'ait subi de grands changements.

C'est sans doute par suite de ce même préjugé qui confond l'orthographe avec le son ou avec sa durée, que Dumarsais croit découvrir une différence sensible entre les substantifs *chef, autel,* et leurs pluriels *chefs, autels,* prétendant que l'*e* est plus ouvert dans ces derniers. Les mots *péché* et *péché* diffèrent aussi entre eux, disent encore les grammairiens ; il en est de même des mots *ver, vers, verre, vert,* ceux-ci sous le rapport de la quantité.

A coup sûr, dans tous ces exemples, la marque du pluriel ajoutée au singulier, ou simplement le changement de terminaison ou d'accent, ont imposé jusqu'ici une erreur générale, en faisant croire que cette addition de consonnes finales, ou cette conversion de l'accent aigu en un accent circonflexe, devait augmenter l'intensité du son ou la durée de la voyelle ; mais que l'oreille, dégagée de l'influence de la vue, soit aban-

donnée à elle-même, elle sentira bientôt ce
que cette prétendue distinction a de vain
et de chimérique. C'est en s'en rapportant
à ce guide infaillible, c'est en étudiant la véritable concordance des sons, qu'on par-
viendra à éviter ces fausses intonations si
multipliées encore de nos jours, soit à la tribune, soit au barreau, ou au théâtre, parce
qu'en voulant suivre l'accentuation à la
lettre on confond l'étymologie avec le son,
et par là on dénature nos voyelles si heureusement combinées les unes avec les autres.

Nouvelle observation de l'abbé d'Olivet :
« La syllabe *au*, dit-il, est douteuse quand
elle précède une syllabe masculine, comme
dans *aubade*, *automne*, *aujourd'hui*, *auteur*, *augmenter*, et lorsqu'elle est finale,
comme dans *joyau*, *bateau*. »

Nous demandons si les étrangers, en lisant ce passage, ne seront pas tentés de
croire que la syllabe *au* a la même valeur
dans tous les exemples ci-dessus? Tandis qu'il y a une différence d'intonation

très-sensible entre la syllabe *au* des mots *aujourd'hui, auteur, bateau, joyau,* et celle des mots *automne, augmenter*; c'est le point qu'il était important d'éclaircir, la syllabe *au* étant tellement incertaine, quant à sa durée, que d'Olivet s'est vu contraint lui-même de s'arrêter au doute.

« La *quantité,* dit ailleurs le même écrivain, sert à éviter des contre-sens souvent ridicules, comme dans *tâche, tache, tâcher, tacher, mâle, malle, mâtin, matin.* » Qui ne voit qu'ici la quantité est de nouveau confondue avec la qualité? car, en pesant bien la valeur de l'*a* circonflexe et celle de l'*a* ordinaire, on sentira que le premier se rapproche de l'*o* doux, et le second de l'*e* ouvert; c'est surtout cette nuance de son, plus que la durée, qui distingue particulièrement les deux *a* et empêche de confondre les mots; car on aurait beau allonger l'*a* doux, ou abréger l'*a* circonflexe, si l'on conservait à chacun l'inflexion qui lui est propre, les deux sons n'en différeraient pas moins entre eux. D'ailleurs l'auteur ou-

blie que nous avons une infinité de mots
dont la prononciation est la même : tels
sont *il, ils, aile, elle, air, aire, ere, erre,
amande, amende, tante, tente,* etc., etc. ,
sans qu'on ait jamais songé aux contre-
ens ridicules que pouvait produire cette
conformité de sons. Il faut donc attribuer à
une autre cause la différence de prononcia-
on que l'on remarque dans quelques ho-
monymes ; si l'on avait voulu établir une
ègle, il aurait fallu l'étendre à tous.

En parlant des *longues* et des *brèves,* un
grammairien dit : « On ne perdra pas de
vue que leur application ne doit se faire
que dans la prononciation, soutenue sans
toucher aux licences de la conversation. »

D'Olivet fait observer, de son côté, que
dans la conversation la plupart des syllabes paraissent brèves. Ce vague, cette in-
certitude, dont la durée des sons se trouve
environnée, n'est-elle pas un démenti formel donné à l'existence des *longues* et des
brèves ? Il est vrai que d'Olivet ajoute :
« Mais, si l'on fait attention, il est aisé de

s'apercevoir que la *quantité* est observée par les personnes qui parlent bien. » De bonne foi, d'Olivet et l'auteur du passage précédemment cité ne confondent-ils pas ici les articulations exactes et la pureté des sons, avec ce qu'ils appellent la *quantité?*

Un autre grammairien dit à son tour : « Quand on trouve dans les vers deux rimes de quantités inégales, il faut abréger un peu la longue et allonger un peu la brève. » Cette facilité de convertir les longues en brèves, les brèves en longues, et de donner par là une même quantité aux syllabes, ne prouve-t-elle pas encore une fois le peu de fondement d'un système que chacun peut arranger à sa guise? Nous ne parlerons pas des *démi-longues*, des *demi-brèves*, des *douteuses*, détail immense où l'esprit se perd. Les étrangers, en lisant nos traités des *longues et des brèves*, si jamais aucun maître s'est avisé de les leur indiquer comme complément de la bonne prononciation, doivent être effrayés de l'étendue de mémoire qu'exige une pareille

étude; si, au contraire, les maîtres n'y reconnaissent aucun avantage, à quoi bon
tant de traités inutiles?

Non, la véritable prosodie résulte chez
nous du nombre, de la qualité, de l'arrangement des sons et des articulations, richesse prodigieuse que sont bien loin de
posséder toutes les langues modernes. Sans
parler des différentes valeurs que nous
avons assignées à nos voyelles primitives,
nos voyelles nasales, notre son *eu*, celui
même de l'*u*, dont les étrangers nous blâ-
ment, ne sont-ils pas des richesses que nous
avons à leur opposer et dont nous pouvons
nous servir pour varier l'harmonie de notre
langage? Que l'on demande aux musiciens
ce qu'ils penseraient de la disparition, ou
de la découverte de l'un des douze degrés
qui composent le système de notre musique, leur réponse à coup sûr sera l'apo-
logie des sons que nous avons ajoutés à l'é-
chelle diatonique de nos voyelles. C'est
sans doute pour suppléer à cette richesse
effective que plusieurs peuples ont imaginé

un accent qu'ils appellent tonique, par lequel ils n'ont pas toujours pu couvrir la disette et la maigreur de leurs sons, et qui, revenant pour ainsi dire à intervalles réguliers, jette une sorte de monotonie sur un long discours, et semble parfois fatiguer l'oreille. Je ne sais même si les beaux mouvements oratoires qui naissent d'une situation touchante ou terrible n'en souffrent pas, par la contrainte où il doit tenir les organes moduleux de la voix, interprètes fidèles des sentiments intérieurs; c'est du milieu de ces beaux mouvements oratoires qu'éclate l'accent tonique le plus vrai et le plus naturel, parce qu'il tient tout de l'âme, d'autant plus irrésistible qu'il n'est ni commandé, ni prévu : c'est celui dont nous pouvons nous enorgueillir à plus juste titre, par l'usage heureux que nous savons en faire, en l'accordant avec les airs du visage, les gestes toujours nobles, jamais outrés. Eh! qui répondra que la magie de l'accent grec ne se réduisait pas en partie à ce point essentiel, outre la facilité de pouvoir convertir au besoin l'inflexion d'une voyelle ou d'une consonne en une autre plus douce ou plus forte, avantage incalculable pour un orateur?

Les différents dialectes de la Grèce, qui tous empruntaient les uns des autres, et dans chacun desquels on vit briller de très-grands écrivains, ne sembleraient-ils pas appuyer cette supposition?

Il est facile de concevoir l'importance et la richesse de nos sons, en supposant que nous ne possédons qu'une seule inflexion pour chacune de nos voyelles primitives, et que celles qui en dérivent nous manquent ; quelle monotonie ce défaut de variété ne répandrait-il pas dans la prononciation? C'est alors que les personnes de goût, frappées du peu de couleur du langage, s'empresseraient peut-être d'imaginer quelque signe, comme un accent tonique par exemple, pour revêtir les mots d'une pompe brillante, mais superficielle; car, de quelque durée, ou, si l'on veut, de quelque cadence qu'on affectât telle ou telle syllabe, si les sons n'étaient variés, le discours le mieux écrit, prononcé par la bouche la plus éloquente, n'en serait pas moins sans couleur et sans harmonie, tandis que l'oubli de quelques longues ou de quelques brèves serait à peine sensible; l'altération des sons, leur fausse combinaison entre eux, le rapport trop fréquent des syllabes, voilà véritablement ce qui détruit notre prosodie.

Ce n'est pas qu'à la rigueur on ne puisse trouver des longues et des brèves dans la langue française, et condescendre par là au système qu'on en a établi, mais non toutefois de la manière dont on l'a entendu jusqu'ici. Par exemple, les voyelles fortes, parmi lesquelles on peut compter les nasales, emploient une durée de temps plus considérable que les voyelles douces ou ordinaires, mais elles doivent cette durée à leur pesanteur habituelle, et non à de prétendues règles de *quantité*; elles portent cette pesanteur avec elles, partout où elles se rencontrent et sans aucune variation,

parce que leur nature le veut ainsi. Les
voyelles douces, au contraire, ayant un son
plus délié, seront toujours brèves en comparaison des précédentes, comme *l'i* et *l'u*
par exemple, dont la durée est des plus
rapides, principalement dans la diphthongue. L'*e* muet ou demi-muet n'est-il pas
encore une véritable brève? Mais toutes
ces différences de *quantité* n'ont besoin,
pour être saisies, d'aucune étude ni d'aucun effort; elles se trouvent dans la qualité
même du son.

L'accent tonique n'est pas non plus
entièrement étranger à la langue française.
En effet, si l'on écoute parler, avec attention,
on sentira qu'il se fait un léger repos tantôt
sur la dernière syllabe, si elle est sonore
ou masculine : *la beauté, l'esprit, la vertu,
je devançai, tu devanças, il devança;*
tantôt sur la pénultième ou avant-dernière
syllabe, si la dernière est sourde ou fémi-
nine : *la joie, la statue, la tête, le chêne,
l'incendie, le marbre, nous devançâmes,
vous devançâtes :* dans tous ces derniers

exemples les syllabes finales étant sourdes ou muettes, puisqu'elles se composent d'*e* sans accent, servent seulement d'appui à la consonne ou à la voyelle précédente. Cette dernière peut alors être considérée comme longue, et doublement longue, si elle se trouve marquée de l'accent circon-flexe effectif, c'est-à-dire réellement toni-que, comme dans *théâtre;* cet accent, augmentant l'intensité de la voyelle, en prolonge par conséquent la durée, moins toutefois au commencement ou au milieu qu'à la fin des mots, car c'est toujours vers le repos pénultième ou final que la voix se précipite comme à son repos naturel, les autres n'étant qu'accidentels. Plusieurs auteurs s'accordent sur ce point, principale-ment ceux qui se sont occupés d'enseigner la langue française aux étrangers. Burnouf dans sa grammaire grecque fait la même observation.

Une troisième espèce de longue est celle que produit presque en un même temps l'é-mission de plusieurs consonnes, et que, pour cette raison, un ancien grammairien appelle diphthongue et triphthongue consonne, auxquelles une seule voyelle sert d'appui, cette voyelle paraissant à une oreille peu attentive s'augmenter de la durée des articulations qui la précèdent, comme dans *Strasbourg* : on en peut dire autant de quelques consonnes dont les articulations, plus ou moins difficiles ou opposées entre elles, nécessitent une durée de temps double de celle des autres, et semblent par là allonger la voyelle suivante, comme dans *voûte*, *joûte*, *hutte*, comparés aux mots *route*, *lutte*, *rude*. Dans les trois premiers exemples, si l'on y fait attention, on trouvera que ce sont les articulations *v*, *j*, ainsi que l'*h* aspirée, qui deviennent les véritables longues, sans qu'il soit possible de les abréger d'après leur nature même; et c'est sans doute cette impossibilité physique qui a fait présumer que la voyelle *ou* devait être longue, et par conséquent accentuée, dans les mots *voûte*, *joûte*; au contraire, dans les trois derniers exemples, les articulations *r*, *l*, deux de nos consonnes les plus rapides, doivent nécessairement donner plus de brièveté aux syllabes dont elles font partie, comme on le voit dans *route*, *lutte*, *rude*; mais que l'on veuille soustraire *v*, *j*, aussi bien que *l* et *r*, des voyelles qui les suivent, et l'on verra que ces dernières, dénuées des articulations qui leur servaient d'appui, offrent une durée de temps pareille dans tous les exemples ci-dessus. Ainsi l'explication de ces sortes de longues et autres semblables devient superflue, la différence qu'on y rencontre tenant plus au matériel de la langue qu'à la durée des voyelles.

Dans la rapidité du discours, les phrases, plus que les mots, sont susceptibles de ce repos créé par le besoin qu'éprouve tout orateur ou tout lecteur de reprendre sa respiration; mais, s'il peut devenir arbitraire quant au mot de la phrase, il ne l'est jamais quant à la syllabe du mot, qui doit toujours être la pénultième ou la dernière, de la manière que nous l'avons expliqué plus haut.

Si l'on voulait trop appuyer sur ces mêmes repos ou n'en omettre aucun, on tomberait dans une affectation ridicule et une monotonie fatigante, comme on peut s'en convaincre en entendant parler les habitans de nos provinces du nord-ouest; ils traînent la voix si lentement sur les dernières ou avant-dernières syllabes, que chez eux la prononciation perd tout son charme et toute sa grâce. Nos habitans du midi, en assignant à ces mêmes repos une place qu'ils n'occupent jamais, c'est-à-dire en les transposant sur une syllabe soit initiale, soit médiale, défigurent encore plus les mots. Par exemple, dans *zéro*, ils appuient tellement sur la première syllabe, que la dernière, qui serait plutôt susceptible de recevoir l'accent prosodique comme étant sonore ou masculine, devient à peu près muette; de sorte qu'une personne qui n'est pas faite à leur langage croit leur entendre prononcer *zèr* pour *zéro*. De même, dans le mot *pontife*, ils portent l'éclat de la voix sur la syllabe *pon*, tandis qu'ils affaiblissent et prononcent à peine les deux suivantes. Ceux qui connaissent la langue italienne comprendront mieux cette accentuation forte et cadencée, que nos méridionaux doivent peut-être au voisinage de l'Italie et à celui de l'Espagne ; à moins que ce ne soit un reste de la tradition des *longues* et des *brèves :* hypothèse d'autant moins hasardée qu'ils ont conservé une infinité de vieilles locutions admises autrefois dans le beau langage, mais qui n'ont plus cours aujourd'hui. Il est même à remarquer que les syllabes sur lesquelles ils portent tout l'éclat de leur voix, toute la force de leur intonation, sont généralement indiquées, dans les traités des *longues* et des *brèves,* comme recevant une durée de temps plus considérable : tels sont *jambon, trembler, tomber,* etc. ; ce qui ferait croire qu'en observant avec exactitude la *quantité,* telle qu'elle est déterminée par quelques grammairiens, on contracterait insensiblement la pesanteur et la rudesse qui caractérisent le langage de nos provinces méridionales.

Nous le répétons encore, nous craignons de paraître téméraire, nous le sommes presque à nos propres yeux, d'oser combattre un système qui s'est soutenu jusqu'ici avec tant d'avantage, qui a traversé plusieurs siècles sans rencontrer de contradicteurs, et qui a eu pour partisans déclarés, et pour propagateurs même, des écrivains d'un grand mérite.

« Il faut avouer, dit d'Alembert, cité par l'auteur de l'histoire de la langue française, que la seule autorité d'un homme, quelque bien fondé qu'il puisse être dans les innovations qu'il hasarde, ne suffit pas pour renverser en un moment ce que des autorités et des années sans nombre ont cimenté, et ce qui ne peut être détruit que par un nombre non moins égal d'autorités imposantes, et peut-être de siècles accumulés. »

Eh bien ! malgré cette observation, qui pourra paraître sans réplique au premier coup-d'œil, malgré ses propres craintes, l'auteur n'a pas moins continué ses recherches dans des routes jusqu'alors inconnues, avec cette persévérance que donne le désir d'être utile. Dans les changements qui ont lieu en dépit des esprits stationnaires, il faut bien que quelqu'un commence : si tous s'arrêtaient effrayés de l'opposition qui les attend, comment se feraient les améliorations en tous genres ? Découvrir n'est pas détruire.

D'ailleurs, si l'on veut considérer combien d'obscurités et d'erreurs ont long-temps embarrassé l'étude de la langue française, on ne s'étonnera pas que le système des *longues* et des *brèves*, si peu connu des gens du monde et de la plupart des littérateurs anciens et modernes, ait reposé et repose encore sur des bases erronées. On peut remarquer, en outre, que ce n'est pas dans les siècles de la haute et brillante littérature, que les langues sont analysées et expliquées avec le plus de méthode et de clarté, parce que le génie, qui a besoin de créer, ne saurait s'astreindre à une étude aussi aride ; c'est presque toujours dans les temps postérieurs à ces grandes époques littéraires que les meilleurs traités ont paru, comme un faible dédommagement du peu qui restait à cultiver dans les champs de l'esprit. Parmi cette foule d'erreurs sur la langue, dont nous venons de parler, il en est une assez remarquable : Boileau et les poètes célèbres de son temps ne comprenaient pas nos voyelles nasales ; chez eux le sens de l'ouïe, asservi par le préjugé, étouffait même la délicatesse de leur oreille, si sensible, si exacte partout ailleurs : aussi trouve-t-on dans leurs poésies des hiatus plus ou moins fréquents, causés par la rencontre ou le choc de ces mêmes voyelles nasales avec la voyelle d'un mot suivant, hiatus qu'on ne peut éviter qu'en faisant des liaisons forcées et peu harmonieuses, attendu que l'*m* et l'*n*, dans ces sortes de voyelles, ne prennent ordinairement aucune articulation, parce qu'elles n'ont jamais été considérées dans le principe que comme des accents.

Régnier-Desmarais, en parlant des voyelles nasales, dit qu'elles se rapprochent beaucoup de l'*e* ouvert. Il nous semble que cette définition est bien loin d'être exacte, surtout par rapport aux voyelles *an* et *on*. Grand nombre d'anciens grammairiens, embarrassés à la vue de deux voyelles, ont pris les sons simples *ai*, *au*, *eu*, *ou*, pour autant de diphthongues (1); d'autres, détrompés à demi, les ont appelés fausses diphthongues; dénomination qui n'est guère plus heureuse. Mais, si l'on a voulu entendre deux sons là où il n'en existe réellement qu'un, d'un autre côté on paraît ne pas avoir senti les deux inflexions dont se nuancent presque toutes nos voyelles primitives et plusieurs de celles qui en dérivent. On peut en juger par ce passage de l'abbé Dangeau : « Les voyelles, soit graves, soit aiguës, dit-il, ne changent point leur valeur. » Est-il pos-

---

(1) *Aim* et *ein*, dans *essaim*, *teindre*, ont paru des diphthongues incontestables à un grammairien de nos jours.

sible d'assurer que les voyelles fortes ont la même valeur, ou la même intonation, que les voyelles douces? Par exemple, l'*a*, non-seulement pour la durée, mais encore pour le son, est-il le même dans *nation, passion*, que dans *natif, passif? ai* dans *aise*, de même que dans *aisé? au* dans *aucun*, de même que dans *aurore? eu* dans *cheveu, douteux, douteuse*, de même que dans *malheur, demeure, neuf?*

« Les grammairiens, dit Duclos, reconnaissent plus ou moins de sons dans une langue, selon qu'ils ont l'oreille plus ou moins délicate, ou qu'ils sont plus ou moins capables de s'affranchir du préjugé. »

Nul doute que ce préjugé, et cette insensibilité de l'oreille, n'aient empêché jusqu'à ce jour les règles de notre prosodie d'être bien connues. Une autre vérité non moins incontestable qui s'est présentée à l'esprit de l'auteur, c'est que jamais la prononciation, ni même l'orthographe, n'ont été abandonnées au hasard ou au caprice, comme on le croit communément, et que l'une et l'autre ont dû suivre long-temps une marche régulière.

« Il semble, dit un anonyme, qu'une complète harmonie devrait unir d'un lien indissoluble la langue parlée et la langue écrite; elles paraissent cependant avoir juré entre elles un éternel divorce. »

C'est peut-être au néologisme inconsidéré qu'on doit les irrégularités fréquentes qu'on y rencontre aujourd'hui, lesquelles rompent la chaîne qui unissait vraisemblablement autrefois toutes les parties de la prononciation et de l'orthographe. Ces irrégularités obscurcissent souvent les règles les plus simples, en les semant d'exceptions toujours trop nombreuses pour la mémoire, et paraissant au premier coup-d'œil livrer l'orthographe et la prononciation à un chaos impénétrable. Toutefois la langue française, telle qu'elle est de nos jours, est bien propre à flatter l'orgueil national, et l'on peut dire qu'elle se distingue entre les langues modernes, comme une reine aimable et spirituelle au milieu de sa cour. Puisse-t-elle conserver long-temps sa grâce et son harmonie, sans que le mauvais goût ose jamais lui porter atteinte. Par exemple, il fut de mode, dans un temps qui est déjà bien loin de nous, de dénaturer ou de supprimer certaines consonnes comme trop rudes à prononcer et pouvant blesser des organes sensibles et délicats, ce qui ne faisait que brouiller le système des articulations. Ainsi, dans cette phrase : *Ma parole d'honneur, madame, je vous trouve charmante aujourd'hui,* ce qu'on appelait alors un petit-maître prononçait littéralement : *Ma paole d'honneu, maame, ze vou touve samante auzoud'hui;* et cela parce que quelques personnes, plus ou moins recherchées dans la société, avaient un défaut ou une affectation semblable. A l'époque où nous vivons, on aperçoit une disposition générale à adoucir nos voyelles, disposition qui tend visiblement à la décadence des sons. Cette affectation nouvelle, que l'on trouve agréable, que l'on croit même de bon ton, est tout-à-fait contraire à la noblesse du langage. C'est ainsi, par exemple, que dans *âme, âge, pâte, nation, éducation, passage, château, dôme, drôle, je pose*, et beaucoup d'autres, on s'habitue à prononcer *a-me, a-ge, patte, nacion, éducacion, paçage, cha-teau*, etc., c'est-à-dire qu'on supprime l'accent, et qu'on donne aux voyelles *a, o*, toute la douceur et la mollesse dont elles sont susceptibles (1). Que l'on y prenne garde, si cette mode continuait, la variété de nos sons diminuant par degré, notre prosodie ne serait bientôt plus qu'une chimère. Certes il y a loin du génie qui perfectionne ou qui crée, à cet esprit d'appauvrissement. Ne donner qu'une seule inflexion à la plupart de nos

---

(1) Si, par une fantaisie contraire, la mode actuelle venait à changer, et qu'on ne fît plus entendre que des sons graves, cette prononciation paraîtrait bien plus ridicule sans doute, parce qu'il y a quelque chose de rude et de trivial dans la répétition des voyelles fortes qui frappe au premier abord ; mais, pour être un peu moins barbare, en est-on plus musicien ?

voyelles, n'est-ce pas détruire en effet toute notre richesse prosodique ? Il est donc nécessaire d'arrêter le mal dans sa source, et de rappeler les véritables principes de la prononciation à ceux qui les oublient ou les ignorent, avant que la moitié de nos sons ait disparu du langage, sans compter ceux que nous avons peut-être déjà perdus. Si nos ancêtres nous avaient laissé des règles fixes de prononciation et des traités plus complets de la langue, nous saurions ce qu'elle était de leurs temps, et le goût en aurait profité pour ne rien changer qu'à propos ; car, si nous nous élevons contre l'abus de vouloir trop innover, nous sommes loin de condamner la néologie même qui consiste à inventer avec goût, à faire revivre d'anciennes expressions injustement bannies du langage, ou à en adopter d'étrangères, qui répondent au besoin du temps et au renouvellement des choses, un art précieux en un mot, sans lequel une langue ne s'enrichirait jamais.

« Il y a de prétendus puristes, dit le judi-

cieux auteur de l'histoire de la langue française, qui, supposant la langue absolument
complète, crient à l'innovation dès qu'ils
voient paraître un nouveau mot, ou un
mot pris dans une signification nouvelle ;
qui craignent même de voir reparaître des
mots très-significatifs, employés par nos
ancêtres, oubliés avec le temps, et qui n'auront été remplacés que par quelques termes
obscurs ou quelques périphrases. Notre
langue est-elle déjà si riche qu'elle n'ait plus
rien à acquérir? Comment se fût-elle formée, si, depuis Joinville jusqu'à Fénélon,
personne n'avait osé dire pour la première
fois ce qu'on n'avait pas encore dit ? »

Et ailleurs : « Plus il y a d'excellents écrivains qui, par goût ou par besoin de s'exprimer, inventent des formes qui rachet-
tent par la justesse et par la clarté ce que
la nouveauté de l'expression semble donner
de défavorable à une phrase, plus la langue
augmente insensiblement ses trésors; et c'est
ainsi que, depuis le temps que la nôtre a été
maniée par d'habiles mains, elle a gagné

sous la plume de chaque auteur, et formé cette immense collection de phrases pleines de goût et de justesse, et répandu le charme du style dans les productions les plus communes. Une autre source de nouvelles expressions, de nouvelles phrases, vient de la conversation : il est des génies heureux, vivant dans le beau monde, et qui par la beauté de leurs expressions font le charme de la société ; inépuisables dans leurs saillies, attentifs à veiller sur la pureté du langage et reçus avec empressement dans les cercles les plus polis, ils donnent bientôt le ton ; leur discours est reçu comme un oracle ; et s'il se trouve quelque chose de frappant, de saillant, de neuf, dans leur entretien, tout est recueilli avec soin, accueilli avec transport et répété avec enthousiasme, passe bientôt dans le langage commun et devient une phrase reçue. »

Ecoutons aussi Marmontel à ce sujet : « Quelque différente que soit la langue de Racine et de Fénélon de celle de Baïf et de

du Bartas , il est encore possible , si non de
la rendre plus douce et plus mélodieuse , au
moins d'ajouter à son énergie , de la parer
de nouvelles couleurs , d'en multiplier les
nuances, et plus on en fait son étude, mieux
on sent qu'elle n'est pas à ce point de perfection où une langue doit se fixer. »

Beaucoup d'autres auteurs d'un très-grand
mérite ont parlé dans le même sens ; de nos
jours, M. Ch. Nodier a dit : « Si la manie
du néologisme est extrêmement déplorable
pour les lettres et tend insensiblement à
dénaturer les idiômes dans lesquels elle se
glisse, il n'en serait pas moins injuste de re-
pousser, sous ce prétexte, un grand nombre de ces expressions vives , caractéristi-
ques, indispensables , dont le génie fait de
temps en temps présent aux langues. Il n'appartient à personne d'arrêter irrévocable-
ment les limites d'une langue et de marquer
le point où il devient impossible de rien
ajouter à ses richesses. Voltaire, pour qui
la nôtre était si opulente et si féconde, l'ac-
cuse d'être une gueuse fière à qui il faut
faire l'aumône malgré elle. »

Voilà des autorités qui comptent : laissons donc aller nos jeunes écrivains ; qu'importe s'ils marchent dans des voies nouvelles, pourvu qu'ils y marchent bien ; ne leur disputons pas leurs talents et admettons d'avance ceux que la postérité admettra ; tâchons d'empêcher le mauvais goût, mais n'arrêtons pas le génie : s'il s'égare, il reviendra tôt ou tard ; ne troublons pas son nouvel enthousiasme ; ne nous étonnons pas de l'agitation, du tumulte même des esprits : nous sommes arrivés à une des grandes époques climatériques du globe ; des évènements inconnus se pressent aux portes de l'avenir ; n'entendons-nous pas crier de toutes parts : Rénovation ! Rénovation ! comme l'a dit un grand écrivain. Pourquoi le talent et le génie seraient-ils pour la première fois rétardataires ? pourquoi resteraient-ils muets à l'approche du grand mouvement universel ?

Quant à nous, qui pouvons paraître aussi vouloir innover, qu'on n'oublie pas que nous n'avons eu en vue, au contraire, que de

conserver l'ancienne prononciation, parce
qu'elle nous a paru jusqu'à présent la plus
complète et la plus harmonieuse. Frappée
de la fausse application des accents, nous en
avons cherché la cause ; mais, loin de vouloir pour cela faire une autorité à part,
nous avons recueilli dans les meilleurs auteurs tout ce qui pouvait être applicable à
notre système, sauf les changements surve-
nus depuis que ces mêmes auteurs ont écrit;
changements auxquels il serait fou de vouloir s'opposer, parce qu'ils ont déjà reçu la
sanction du temps, et qu'ils ont pris rang
dans le langage, nous conformant en cela au
précepte d'un savant grammairien : « Lorsqu'une façon de parler, dit Vaugelas, est
usitée à la cour et par les bons auteurs, il
ne faut pas s'amuser à en faire l'anatomie ni
à pointiller dessus, comme font une infinité
de gens, mais il faut se laisser emporter au
torrent et parler comme les autres, sans
daigner écouter ces éplucheurs de phrases. »

D'Olivet ajoute : « J'aime à voir que Vaugelas, le plus instruit et le plus judicieux des

grammairiens que nous ayons eus, mettait une grande différence entre un puriste et un homme qui sait sa langue. »

Nous croyons devoir adresser ici quelques observations aux personnes de la province. Il serait à désirer qu'elles attachassent plus d'importance qu'elles ne le font ordinairement à la bonne prononciation. Une langue que tous les étrangers, depuis Londres jusqu'à Pétersbourg, se font un honneur de parler et d'écrire correctement, ne devrait sous aucun rapport être négligée par les nationaux. N'est-il pas humiliant pour nous de penser qu'il y a tel Russe ou tel Anglais qui serait en état de donner des leçons de français à tel ou tel de nos compatriotes? Dans les départements, au moyen des écoles d'enseignement mutuel, où l'on appellerait de jeunes moniteurs de Paris ou de Lyon, on pourrait peu à peu corriger l'accent et substituer la langue française au jargon de chaque province. N'est-ce pas un très-grand inconvénient que les habitants de nos provinces frontières soient plus en état de se faire comprendre des étrangers placés dans leur voisinage que de leurs compatriotes nés à une autre extrémité de la France ? Qu'on aille à cinquante lieues de Paris, on trouvera déjà la langue corrompue d'une manière sensible, et plus on s'éloignera du centre, plus cette corruption deviendra frappante; elle ne s'étend pas seulement aux gens du peuple, elle atteint même les classes les plus élevées de la société. Cependant que deviendra chez un homme public, chez un orateur par exemple, le talent de la parole, s'il ne s'est appliqué de bonne heure à perfectionner sa prononciation ? Que l'on considère encore qu'il y a nombre de circonstances où l'art de s'exprimer est d'une ressource infinie. Qu'une personne dont le langage et la prononciation auront été négligés, et qui aura fait un usage trop fréquent du jargon de sa province, soit transportée à deux cents lieues de ses foyers par une de ces vicissitudes si communes à la vie humaine; en un danger pressant que l'injustice ou le hasard aura fait naître, trouvera-t-elle dans une langue qu'elle aura à peine pratiquée, ces mots heureux, cette éloquence vive, entraînante, qui, selon le besoin, excite la pitié ou commande le respect. Son accent gascon ou normand, ces fausses locutions enfants de la paresse ou de l'ignorance, n'apprêteront-elles pas à rire à ses dépens? et, quoique entourée de compatriotes, n'éprouvera-t-elle pas au milieu d'eux un isolement presque semblable à celui qui attend le voyageur sur une terre étrangère? La Fontaine a dit :

Ainsi, dans les dangers qui nous suivent en croupe,
 Le doux parler ne nuit à rien.

En effet, on entend toujours avec un intérêt plus touchant le récit des infortunes d'une personne qui sait s'exprimer avec une sorte de grâce, quoique née dans une condition inférieure; on se sent même entraîné involontairement à lui rendre service; et si à cet avantage elle joint des mœurs douces et honnêtes, elle peut comp-

ter plus qu'aucune autre sur la bienveillance de ses semblables. Les gens du peuple
ne savent pas le tort qu'ils se font en affectant un langage grossier, et en défigurant
à plaisir les mots de la langue. C'est surtout à Paris que ce dernier vice est le plus
commun.

Chez les Grecs, principalement à Athènes,
on mettait une sorte d'orgueil national à
bien parler sa langue ; les jeunes gens admis dans les académies ou écoles publiques
n'avaient pas la permission d'apprendre une
langue étrangère avant qu'ils fussent sortis
de classes, de peur que cette étude ne nui-
sît aux progrès de la langue maternelle,
et n'en corrompît les beautés. C'était aussi
à Athènes que les habitants des autres con-
trées de la Grèce accouraient se perfectionner dans une langue qui, chez ce peuple
plus qu'ailleurs, était pleine de richesse et
d'harmonie. Les orateurs venaient y puiser
ce goût, cette délicatesse, cette finesse d'expressions, qui depuis a passé en proverbe.

Les historiens rapportent un fait qui

donne une idée de l'excessive délicatesse des oreilles athéniennes : Une marchande d'herbes d'Athènes reconnut à la seule affectation d'un mot que Théophraste n'était point né dans cette ville. Ce philosophe eut un véritable dépit de se voir découvert par une simple revendeuse, lui qui croyait posséder la langue grecque dans toute sa pureté, et qui n'avait rien négligé pour y parvenir. Une aventure à peu près semblable arriva, dit-on, à Tite-Live à Rome.

On sait les peines infinies que prit l'orateur Démosthène pour arriver à ce point de perfection qui le mit au-dessus de tous ses nombreux rivaux. La nature n'avait point été prodigue envers lui, il était même né avec un défaut de langue ; cependant il excella dans toutes les parties de l'art oratoire, principalement dans la prononciation, qu'il considérait comme un des attraits les plus irrésistibles du talent d'émouvoir. Les efforts qu'il fit pour acquérir cette grâce et cette pureté de prononciation, sont incalculables. L'exemple de cet orateur célèbre, nous apprend ce que peuvent le travail et la persévérance, soutenus d'une volonté ferme et courageuse. Son éloquence devint telle qu'elle fit trembler plus d'une fois le dominateur de la Grèce, le fameux Philippe de Macédoine, qui avait coutume de dire qu'il craignait plus une harangue de Démosthène que toutes les armées réunies des Athéniens.

Nous ne terminerons pas cette première partie de notre travail sans ajouter que, française comme nous le sommes, nous avons tâché de faire un ouvrage éminemment français. Nous recevrons avec reconnaissance les observations qui nous seront adressées dans l'intérêt même de la langue, et non dans un but hostile contre le système de l'auteur : nous ne voulons négliger aucune amélioration, dussions-nous travailler toute notre vie. Au milieu de recherches aussi minutieuses, sujettes à tant de révisions, comment ne pas craindre en effet d'avoir oublié quelque chose ? Du moins ces révisions ont eu cela d'avantageux qu'elles nous ont confirmée de plus en plus dans notre système, et qu'elles nous ont fait connaître le calcul admirable qui a présidé à l'arrangement de nos sons, pour former une harmonie que nous croyons la plus complète dans les langues, malgré les nombreuses dénégations de quelques écrivains jaloux d'élever les langues grecque et latine au-dessus de toutes les autres, par un de ces puériles enthousiasmes de savants, si contraires à l'esprit national.

NOUVELLE
PROSODIE FRANÇAISE
ou
CONCORDANCE DES SONS.

PREMIÈRE PARTIE.

DES VOYELLES.

A.

L'*a* prend deux inflexions : l'une qui le rend bref ou aigu, l'autre long ou grave. L'*a* bref ou aigu se rapproche beaucoup de l'*e* ouvert ; les syllabes dont il fait partie affluent dans notre langue, en raison de la douceur qu'il communique au langage : aussi le trouve-t-on répété jusqu'à trois et quatre fois dans le même mot, sans que cette répétition blesse en rien l'oreille (1), comme on le voit dans *apparat, Canada, catarrhal, falbala, anagramme, anagrammatiser, charlatanerie,* etc.

---

(1) La même observation est applicable à toute espèce de voyelles douces.

1

L'*a* grave redoublé ne s'emploie, au contraire, que dans un très-petit nombre de mots, parce que, trop multiplié, il donnerait de la rudesse et même de la trivialité au langage, tandis que, ménagé avec art, il rompt l'uniformité de l'*a* doux, et contribue par conséquent à la variété des sons.

De l'A marqué de l'accent circonflexe et de l'accent grave.

L'accent circonflexe placé sur l'*a* le rend ordinairement grave : *mât, appât, châsse, albâtre, théâtre, âge, âgé,* etc.

Excepté dans les première et deuxième personnes des passés définis et dans la troisième personne du singulier de l'imparfait du subjonctif des verbes en *er* : *nous allâmes, vous allâtes, qu'il allât* (1).

On sentira mieux la différence et la douceur de cet *a* en le comparant avec l'*a* véritablement grave, comme dans nous *gâtâmes,* vous *gâtâtes,* qu'il *gâtât,* nous *gagnâmes,* vous *gagnâtes,* qu'il *gagnât,* où l'on sent que le premier *a* est bien autrement grave que le second.

____

(1) La plupart des grammairiens veulent absolument entendre un *a* grave dans ces sortes de verbes : cette prononciation pouvait être bonne il y a cinquante ans, mais aujourd'hui elle est fausse et ridicule ; c'est l'accent picard transplanté à Paris.

L'adjectif *fâmé* se prononce et peut aussi s'écrire *famé*. L'accent circonflexe ne se fait pas sentir non plus dans *râteau* et les mots qui en dépendent.

L'*a* marqué de l'accent grave est toujours doux: *Il a été à Paris; on la voyait errer çà et là.*

De l'A grave sans accent.

Indépendamment du son plein et nourri que l'*a* reçoit de l'accent circonflexe, il y a une infinité de circonstances où, quoique dépourvu de ce signe, il contracte la même intonation, principalement à la fin des mots.

1re RÈGLE. *Able* est grave seulement dans les substantifs de deux syllabes : *diable, fable, sable,* et leurs dérivés, tels que *diablotin, fabliau, fabuliste, sablon, sablonneux;* excepté *table* et ses dérivés.

2e RÈGLE. Les terminaisons *abre, abrer, adre, adrer, avre, avrer,* que nous mettons ensemble sous les yeux du lecteur à cause de leur analogie, sont toujours graves : *cabre, cabrer, candélabre, cinabre, fabre* (1)*, sabre, sabrer, délabre, délabrer, Calabre, cadre, cadrer, havre, navre, navrer, cadavre,* et leurs

---

(1) Ce mot, qui n'est plus en usage, signifiait autrefois ouvrier : il n'est mis ici que comme mot primitif.

dérivés, pourvu que les syllabes *abre*, *adre*, *avre*, s'y retrouvent, comme dans *encadrement*, *délabrement*, *sabrer;* ajoutez les analogues *madré*, *madrée*.

Le mot *cadavéreux*, quoique dérivé de *cadavre*, prend l'*a* doux, parce que la syllabe *vre* ne s'y retrouve plus. Il en est de même pour tous les dérivés où les syllabes *bre*, *dre*, *vre*, sont défectueuses, comme dans *fabrique*, *fabricant*, *fabricateur*, *fabriquer*, dérivés de l'ancien mot *fabre*, et dans *cadran*, *cadrature*.

Dans *escadre*, l'*a* s'est un peu adouci ; dans *ladre*, il est devenu tout-à-fait doux. Ne confondez pas *marbre*, *arbre*, avec la terminaison *abre*.

3ᵉ RÈGLE. Tous les substantifs en *aille* sont féminins, et prennent l'*a* grave, ainsi que leurs dérivés : *bataille*, *batailler*, *taille*, *tailler*, *tailleur*, qu'il faut prononcer *batâille*, *batâiller*, etc.; excepté *médaille*, *limaille*, *représaille* (1).

Les noms propres en *aille* suivent la même prononciation: *Versailles*, *Noailles*, *la Touraille*, lisez *Versâilles*, *Noâilles*, *la Tourâille* (2).

---

(1) Dans *ail* et *aille*, l'*a* se séparant de l'*i* pour conserver sa prononciation naturelle, et l'*i* servant seulement à mouiller l'*l* simple ou redoublée, nous avons placé ici ces deux terminaisons, comme appartenant à l'*a* primitif, et non à la voyelle dérivée *ai*.

(2) On nous a reproché d'avoir introduit des noms propres

Tous les substantifs en *ail* sont masculins, et prennent, au contraire, l'*a* doux : *corail, émail, éventail, travail* et leurs dérivés. Les noms propres suivent la même prononciation : *Gail, Montmirail,* etc.

4ᵉ RÈGLE. On reconnaît que la syllabe *aill* médiale est grave lorsque les mots où elle se rencontre expriment une action ou une chose tant soit peu méprisable ou ridicule, comme dans *bailler, brailler, baillon, chamailler, éraillure, haillon, rimailler, rimailleur, railler, railleur.*

Au contraire, *ail* médial, dans les mots qui n'offrent aucune signification désagréable, se prononce avec l'*a* doux : tels sont *ailleurs, caillou, maillot, vaillance, saillir, tressaillir, paillette.*

Le substantif *poulailler* prend l'*a* grave, parce qu'il dérive de l'ancien substantif féminin *poulaille.*

---

dans notre ouvrage, et d'avoir par là grossi le texte sans nécessité ; mais, si ces noms peuvent être soumis à des règles, pourquoi n'en pas profiter ? pourquoi ne pas venir au secours des étrangers ou de ceux de nos compatriotes qui, n'ayant jamais entendu prononcer tel ou tel nom, se trouvent fort embarrassés quand ils ont besoin de s'en servir ? Les Anglais ont un dictionnaire composé tout entier de noms propres avec la prononciation en regard. Ce dictionnaire, dont ils apprécient l'utilité, est l'ouvrage d'un de leurs bons écrivains.

5e RÈGLE. *Are* et *arre*, toujours graves dans les substantifs de deux syllabes dont l'*a* n'est point initial, c'est-à-dire qu'il est nécessaire que *are* et *arre* soient précédés d'une consonne, comme dans *barre*, *carre*, *gare*, *tare*, etc. ; ajoutez l'adjectif *rare*, le verbe je *narre* et tous les dérivés, excepté *narrative*, *narratif*, *narrateur*.

L'*a* est devenu moyen dans *phare*, *tiare*, *mare*, *lares*, *La Fare*. Il est tout-à-fait doux dans les dérivés *barricade*, *barricader*.

6e RÈGLE. *Ar* et *arr* précédés d'une consonne et suivis du son de l'*o* naturel prennent aussi l'intonation grave dans tous les mots de deux syllabes, ou même de trois, pourvu que la dernière soit sourde : *barreau*, *carreau*, *garrot*, *tarot*, *carrosse*, *carotte*, *baroque*, *haro*, *sarrau*, *chariot*, et leurs dérivés.

Maraud, *marotte*, *parole*, font exception, et se prononcent avec l'*a* doux.

Remarquez que l'*o* naturel, quelle que soit son orthographe, a la même influence sur l'*a* qui précède, c'est-à-dire qu'il peut être représenté par *au* sans rien changer à la prononciation, parce que c'est le son qui influe, et non l'orthographe.

7e RÈGLE. *Ar* et *arr* précédés d'une consonne et suivis de l'*o* nasal sont toujours graves dans les mots de deux syllabes : *baron*, *Caron*, *charron*, *larron*, *marron*, *Scaron*, et leurs dérivés, tels que *baronne*, *baronie*, *charronnage*, *charroi*, *charrette*, *larronnesse*, *marronnier*.

Il ne faut pas oublier que les syllabes *ar* et *arr* tout-à-fait initiales ne sont jamais graves, comme dans *arrhes*, *arrêt*, *arroser*, *arrondir*.

Ne confondez pas non plus avec *baron*, *Caron*, etc., les substantifs *barbon*, *cardon*, *charbon*, *gardon*, *lardon*, etc.; car ici l'analogie n'est pas complète. Pour que la règle ait lieu, il faut que l'*o* nasal se fasse entendre immédiatement après l'*r*. La même observation est applicable aux mots *barbeau*, *bardeau*, *carpeau*, *fardeau*, etc.; la consonne intercalée entre l'*r* et la voyelle *au* suffit pour rendre à l'*a* qui précède sa douceur ordinaire.

8ᵉ RÈGLE. Tous les mots terminés en *as* au singulier appartiennent à l'*a* grave, ainsi que leurs dérivés : *amas*, *appas*, *bas*, *cas*, *gras*, *hélas*, *lilas*, *las*, *compas*, *damas*, *frimas*, *échalas*, *coutelas*, *stras*, *tas*, *repas*, *ramas*, *trépas*, *basse*, *grasse*, *lasse*, *passe*, *passant*, *passer*, *trépasser*, etc.

Cependant quelques-uns de ces mots se sont fort adoucis par suite du langage à la mode ; ce sont *ananas*, *cabas*, *cadenas*, *chasselas*, *cervelas*, *embarras*, *fracas*, *matelas*, *tracas*, *taffetas*, *verglas*.

Dans *bras* l'*a* est devenu tout-à-fait doux. *Pin-*

chinas s'écrit mieux *pinchina;* cette orthographe est plus conforme à la prononciation.

Les noms propres suivent la même règle ; ainsi lisez avec l'intonation forte : *Lucas, Thomas, Vaugelas, Cujas, Stanislas, Coutras, Arras, Epaminondas, Pélopidas, Agésilas,* etc. Quant à l's articulée des noms propres *Vaugelas, Cujas,* etc., on en trouvera la règle à l'article des consonnes.

Ne confondez pas avec les singuliers en *as* les verbes de la seconde personne, tels que *tu aimas, tu allas, tu iras,* etc., parce qu'ici l's n'est qu'une augmentation ou une modification du verbe qui peut ne pas avoir lieu, selon la personne qu'on emploie, comme on le voit dans *il aima, il alla, il ira;* c'est pourquoi l'*a* est doux, parce que telle est son intonation à la fin des mots. Cette observation est applicable à l's accidentelle du pluriel : ainsi, lisez de même *le sopha, les sophas, l'acacia, les acacias, le falbala, les falbalas.*

9ᵉ RÈGLE. Les terminaisons *ase* et *aze,* toujours graves, ainsi que leurs dérivés, pourvu que l's douce ou le *z* s'y retrouve : *base, case, gaze, emphase, phrase, paraphrase, périphrase, gymnase, Métastase, topaze, vase, Pégase, blase, évase, jase, rase écrase, baser, caser, gazer, embraser, évaser,* etc., lisez *bâse, câse, gâze,* etc.

10ᵉ RÈGLE. Les trois terminaisons *asion, assion, ation,* toujours graves : *persuasion, évasion, occasion, passion, nation, domination,* lisez *persuâsion, évâsion, occâsion,* etc.

Cette règle ne souffre aucune exception. Dans les dérivés où *ion* se change en *io*, la même intonation a lieu; ainsi, prononcez *pâssionné, nâtional,* etc.; mais, dans ceux où *ion* se perd entièrement, l'*a* redevient doux, s'il n'y a pas une autre règle d'intonation qui lui soit applicable; ainsi, par exemple, dans les mots *dominateurs, persuader, persuasif, natif,* l'*a* est doux, quoique dérivé de *domination, persuasion, nation,* parce qu'on n'y retrouve aucune trace de la syllabe *ion.*

Ne confondez pas *action, distraction, bastion,* et autres mots semblables, avec *nation, domination,* etc., parce que l'intercalation d'une seule consonne entre l'*a* et la terminaison *tion* suffit pour empêcher le son d'être grave.

*De l'*A *combiné avec les autres voyelles.*

AA.

Les deux *a* d'*Isaac* et d'*Aaron* prennent chacun une intonation moyenne. Cependant Racine n'a fait *Aaron* que de deux syllabes (voyez *Athalie*).

Partout ailleurs les deux *a* sont doux et forment chacun une syllabe entière, comme dans *Baal.*

AE.

L'*a* immédiatement suivi de l'*e* conserve aussi son intonation douce, et forme à lui seul une syllabe entière, comme dans *aérien, aéronaute, Phaéton, Israël, Raphaël.*

De la voyelle dérivée AI et de son identique AY.

L'*a* suivi de l'*i* ou de l'*y* forme un son dérivé tout-à-fait semblable à celui de l'*e,* comme on le voit dans *lait, dais, trait, raisonner, aîné, laité,* **qui** se prononcent de même que *les, des, très, résonner, Énée, Léthé.*

De l'AI ouvert.

1re RÈGLE. *Ai* suivi d'une syllabe sourde finale, ou, ce qui revient au même, d'une consonne finale articulée, est toujours ouvert, comme dans *affaire, adversaire, aile, baisse, aisé, glaive, maître, air, Aix.* Cette règle ne souffre aucune exception.

2e RÈGLE. *Ai* à la fin des mots, ou suivi d'une consonne finale non articulée, est également ouvert : *essai, délai, mai, Cambrai, Tournai, Tokaï, frais, laid, mais, vrai, faix, paix, je fais, tu fais, il fait, je vais, je tais,* etc.

Excepté les substantifs *geai, quai,* les adjectifs *gai, gaie,* les trois personnes du singulier, *je sais, tu sais, il sait,* qui se prononcent avec l'*e* aigu, et comme s'il y avait *gé, qué, gué, je sé, tu sé, il sé; gaiement* se dit aussi *guément.*

La même exception a lieu pour toutes les premières personnes du singulier terminées en *ai,* à quelque verbe et à quelque temps qu'elles appartiennent; ainsi lisez *j'é, j'allé, je donné, je donneré, je sentiré, je feré,* pour *j'ai, j'allai, je donnai, je donnerai, je sentirai, je ferai.*

Mais si le pronom *je* est placé après ces verbes, la terminaison *ai* reprend le son de l'*e* ouvert, parce qu'elle se trouve appuyée sur une syllabe sourde finale, *je* étant censé ne plus faire qu'un seul mot avec le verbe, comme l'indique le trait d'union placé entre eux; ainsi, lisez *èje, irèje, ferèje,* pour *ai-je, irai-je, ferai-je.* Par la même analogie, *sais-je* se prononce *sèje.*

*De l'*AI *moyen et des sons influents* A, AN, EU, ON.

Ire RÈGLE. Le son *ai* est toujours moyen ou demi-grave lorsqu'il est suivi de l'un des quatre sons *a, an, eu, on: tu aimas, il aima, nous aimâmes, vous aimâtes, que j'aidasse, que tu aidasses, qu'il aidât, aidant, aimant, ayant, laitage, laitance, laiteux, naissance, nous naissons, aigreur, laideur, fraîcheur, plaideur, maigreur, dédaigneux, traîtreusement, traitable, nous traitons, maison, saison, rayon, ayons, nous aimions,* etc.

Remarque. Il n'est pas nécessaire, comme on voit, que *ai* soit immédiatement suivi de l'un des quatre influents *a*, *an*, *eu*, *on*, pour recevoir l'intonation moyenne ; il peut en être séparé par une consonne, cela ne change rien à la prononciation : cette consonne sert seulement à former une syllabe plus complète. Cette observation est applicable aux deux règles suivantes.

Observez aussi que l'*i* de la diphthongue *ion* ne change rien à la prononciation, parce que cet *i* se prononce si rapidement qu'il n'a aucune valeur par lui-même.

2ᵉ RÈGLE. *Ai* moyen ou demi-ouvert devant une syllabe sourde médiale suivie de l'un des quatre sons influents *a*, *an*, *eu*, *on* : *tu aideras*, *il aidera*, *nous aiderons*, *aileron*, *enchaînement*, *fraîchement*, *aigrement*, *maigrement*.

3ᵉ RÈGLE. *Ai* moyen ou demi-ouvert devant *ai* des imparfaits et des conditionnels des verbes : *tu aimais*, *il aimait*, *ils aimaient*, *j'aidais*, *tu aidais*, etc. ; *j'aimerais*, *tu aimerais*, etc.; *j'aiderais*, *tu aiderais*, etc.

Remarque. L'*e* muet du conditionnel ne change rien, comme on voit, à la prononciation : au contraire, il fortifie la règle.

4ᵉ RÈGLE. *Ai* moyen ou demi-ouvert devant la lettre *r*, quel que soit le son qui vient après cette consonne. Exemple : *je plairai*, *vous plairez*, *je tairai, vous tairez, prairie, métairie, mairie, vicairie, apothicairerie, grammairien.*

*De l'*AI *fermé ou aigu, et des sons influents* E, I, O, U.

Ai prend l'intonation de l'*e* fermé ou aigu lorsqu'il est suivi de l'un des quatre sons *e, i, o, u :* aimer, aimé, j'aimai, j'aidai, ayez, essayez, déchaîner, enchaîner, ailé, traité, laité, laitière, aisément, araignée, saignée, aisselle, saisie, plaisir, épaissir, épaississement, rafraîchissement, raisonner, vaisseau, aigu, laitue, lisez émé, j'émé, j'édé, éyé, esséyé, déchéné, enchéné, élé, trété, lété, létière, ésément, arégné, ségné, esselle, sésir, plésir, épéssir, etc. (1).

---

(1) Écoutez parler ceux qui ont l'oreille juste, mais qui, par préjugé, soutiennent comme les autres que le son *ai* est ouvert dans tous les exemples ci-dessus : vous verrez qu'ils admettent, sans s'en apercevoir, le principe que nous venons d'établir, et qu'ils rejettent ce langage de convention qui détruirait toute notre prosodie, s'il était suivi.

Vaugelas, homme distingué de la cour et l'un de nos plu savans grammairiens, nous apprend que, quand il voulait consulter quelqu'un sur la prononciation d'un mot qui lui paraissait douteux, il ne demandait pas comment il fallait le prononcer, parce qu'il savait comme nous que le préjugé aurait dicté la réponse ; il amenait adroitement la personne à s'en servir dans

Il faut regarder comme de la même famille : *j'aimerai, vous aimerez, j'aiderai, vous aiderez*, et autres verbes semblables, parce que l'*e* muet qui sépare les deux syllabes sonores est trop bref, surtout dans la conversation, pour empêcher *ai* ou *ez* final d'exercer son influence sur *ai* initial.

Remarquez que les sons *é, o*, ont toujours la même influence, quelle que soit leur orthographe, comme dans *j'aimai, j'aidai, vaisseau*, parce que

---

la conversation, afin que la réflexion ne gâtât rien au mot qu'il avait besoin d'entendre prononcer dans toute sa pureté. Qu'on essaie de faire comme lui, et l'on verra combien les préceptes des grammairiens touchant la prononciation d'une infinité de mots s'écartent de la vérité.

Les premiers auteurs qui ont écrit sur la valeur de nos sons étaient plutôt des personnes de cabinet que des gens du monde; le langage ne se forme pas dans la solitude, ni sur les bancs de l'école, cela est connu depuis long-temps. Les grammairiens qui suivirent ne firent que répéter ce qu'avaient dit leurs devanciers; ajoutez que la plupart de ces messieurs étaient de la province, et qu'ils ont souvent substitué l'accent de leur pays au véritable accent français, se disputant entre eux, les uns comme Gascons, les autres comme Manceaux ou Picards.

Pour découvrir l'arrangement mystérieux de nos sons et former un ouvrage plus complet en ce genre, il fallait peut-être une personne étrangère aux préjugés de l'école, une personne que le hasard et une organisation particulière rendissent prosodiste à son insu, et dont la persévérance ne s'effrayât de rien.

c'est le son et non l'orthographe qui agit sur l'oreille, seul vrai juge de l'harmonie d'une langue.

Remarquez aussi que l'*e* ouvert et l'*e* fermé ont, l'un et l'autre, la même influence sur l'*ai* qui précède.

OBSERVATIONS PARTICULIÈRES.

Du verbe FAIRE.

Dans le verbe *faire* et ses nombreux dérivés, *ai* suivi de l'*s* douce prend l'intonation de l'*e* faible ; ainsi, lisez : *nous faisons, je faisais, tu faisais, il faisait, nous faisions, vous faisiez, ils faisaient, je défaisais,* etc. ; *faisable, faiseur, faisance, bienfaisant, bienfaisance, malfaisant,* comme s'il y avait *nous fesons, je fesais,* etc.

Les analogues *faisan, faisane, faisandeau, faisandier, faisanderie,* suivent la même prononciation. On écrivait autrefois *phaisan, phaisane,* etc., à cause de l'étymologie. La prononciation actuelle a fait disparaître cette orthographe.

Dans le futur *je ferai, tu feras, il fera, nous ferons, vous ferez, ils feront* ; le conditionnel *je ferais, tu ferais,* etc., on voit que l'orthographe a déjà suivi la prononciation. La même réforme aura probablement lieu plus tard dans tous les autres temps où la voyelle *ai,* placée devant l'*s* douce, prend l'intonation de l'*e* faible.

L'Académie veut qu'on prononce au théâtre et dans le discours soutenu *bienfaisant, bienfaisance,* comme *bienfêsant, bienfêsance,* en donnant à la voyelle *ai* le son très-ouvert. Cette observation ne fait qu'ajouter du poids à ce que nous avons dit ailleurs, qu'en général, dans la déclamation, toute voyelle quelconque prend un son plus déterminé que dans la conversation ; cependant nous croyons que la syllabe *ai* des mots *bienfaisance, bienfaisant,* ne peut être rendue aujourd'hui que par un *e* sourd ou demi-muet, même dans le discours soutenu.

Des terminaisons AIE *et* AYE *des verbes en* AYER.

La terminaison *aie* des trois personnes du singulier et de la dernière du pluriel des verbes en *ayer,* ainsi que les substantifs *paye, taie d'oreiller,* font entendre à la suite de *aie,* qui est toujours très-ouvert (1), le son mouillé de l'*i,* ce qui forme par conséquent une espèce de diphthongue sourde sur laquelle *ai* s'appuie, comme dans *je bégaie, tu*

____

(1) Plusieurs grammairiens prétendent que la terminaison *aie* dans ces sortes de verbes a le son de l'*e* fermé ; c'est encore une de ces erreurs qu'on ne peut s'empêcher de faire remarquer, puisque la voyelle *ai* étant appuyée sur une syllabe sourde finale, ne peut être, d'après la règle générale, que très-ouverte

bégaies, il bégaie, ils bégaient; j'effraie, tu effraies, etc.; *j'essaie, tu essaies,* etc.; *je paie, tu paies,* etc.; *je raie, tu raies,* etc.,* qu'il sera bon de se faire prononcer par un maître.

Les six personnes du futur et du conditionnel retiennent la même prononciation.

Excepté *j'essaierai, tu essaieras, il essaiera, nous essaierons, vous essaierez, ils essaieront; je payerai,* etc., et les conditionnels de même, qu'il faut prononcer, selon quelques auteurs, comme s'il y avait *j'essairai, tu essairas,* etc.

Cependant ces deux exceptions sont contestées par d'autres grammairiens. Nous croyons donc qu'il est permis d'admettre ou de rejeter le son mouillé dans le futur et dans le conditionnel de ces deux verbes, selon qu'on le jugera plus ou moins agréable à l'oreille.

La terminaison *aie* des temps du verbe *avoir* suit la règle des verbes en *ayer;* ainsi lisez avec le son un peu mouillé *aie, que j'aie, que tu aies, qu'ils aient.*

Aye et *aie* à la fin des mots *Andaye, Blaye, Biscayes, Lucayes,* noms de géographie, et *aie,* interjection, forment non-seulement une diphthongue sourde, mais, de plus, l'*a* se détache de l'*i* et reprend son intonation douce ou ordinaire; ainsi, lisez *Anda-ye, Bla-ye, Bisca-ye, Luca-yes, á-ye.*

Cette diphthongue sourde, *ye,* paraît être un des derniers vestiges de l'ancienne prononciation française, qui s'est conservée beaucoup plus long-temps dans les provinces au-delà de la Loire ; les langues provençale et languedocienne sont remplies de mots où le son *ai* continue de se faire entendre sous la forme d'une diphthongue (1).

Dans les substantifs qui n'ont point de verbe pour racine ou qui ne sont eux-mêmes la racine d'aucun verbe, l'*a* se détache également de l'*y* : *ayeul, bayonnette, bayadère, payen, fayence, nayade, camayeu,* lisez *a-ieul, ba-ionnette, ba-iadère, pa-ien, fa-ience, na-iade, cama-ieu.*

La plupart de ces mots s'écrivent aujourd'hui comme ils se prononcent, c'est-à-dire avec l'*i* marqué du tréma : *aïeul, baïonnette,* etc.

Les noms propres suivent la même prononciation : *Bayeux, Bayard, Lafayette, Cayenne, Mayenne,*

---

(1) Si l'on s'en rapporte aux sons représentatifs de Meigret, auteur de la plus ancienne grammaire que nous ayons en langue vulgaire, le son *au* se rendait aussi par *ao*, prononciation qui subsiste encore dans tout le midi de la France. La syllabe *eu* du verbe *avoir* se rend par *éu*, dans beaucoup de provinces. La diphthongue *oi* est la seule qui ait conservé son ancienne prononciation ; néanmoins nous l'avons altérée dans une infinité de mots. Ce sont peut-être les règles sévères de notre poésie et la doctrine prohibitive de l'hiatus, qui auront détruit insensiblement la plupart de nos diphthongues.

Fayel, Fayol, Levayer, Ayen, prononcez *Ba-ieux, Ba-iard, Lafa-iette, Ca-ienne,* etc.

Mais les substantifs formés des verbes en *ayer* conservent, comme ces verbes, la voyelle dérivée *ai* : *balayeur, payeur,* lisez *balai-ieur, pai-ieur.*

Les substantifs *trayon, métayer, layette,* quoique sans verbes correspondants actuels, se prononcent aussi *trai-ion, métai-ier, lai-iette.*

Dans les substantifs *abbaye, pays,* et ses dérivés, l'*i* mouillé, ou seconde branche de l'*y*, est tout-à-fait sonore ; ainsi, lisez *abbai-ie, pai-i.*

Le tréma placé sur l'*i* le détache de l'*a*, comme dans *haïr, maïs ;* lisez *ha-ir, ma-is,* toutefois en liant les deux syllabes de manière à faire sentir le mouillé de la diphthongue.

AO, AON, AOU.

Dans ces trois combinaisons, l'*a* conserve ordinairement son intonation douce : *cacao, chaos, Pharaon, Lycaon, Phaon.*

Mais l'*o* est muet dans *faon, paon, Laon,* ville, *Craon,* ville ; ainsi, lisez *fan, pan, Lan, Cran.*

Les dérivés *faonner, paonne, paonneau, paonnier, Laonais,* se prononcent aussi sans *o*, et comme s'il y avait *faner, pañé, paneau, panier, Lanais.*

Dans *taon, Saint-Laon, août, aoûteron, saoul,*

saouler (1), aoriste, Saône, c'est l'*a* qu'on élide, et l'on prononce *ton, Saint-Lon, out, outeron, sou, souler, oriste, Sône.*

Mais l'*a* reprend son intonation dans *aoûté,* participe passé du verbe *aoûter,* qui ne s'emploie plus guère qu'à ce temps ; ainsi, prononcez *a-ou-té.*

De la voyelle dérivée AU.

L'*a* suivi de l'*u* forme un son dérivé tout-à-fait emblable à celui de l'*o,* et prend aussi deux inflexions, l'une forte, comme dans *peau, Pau,* ville, *pause, sceau, saut,* qui se prononcent de même que *Pô, pot, pose, sot ;* l'autre douce, comme dans *aurore, automne.*

La voyelle dérivée *au* prenant une intonation généralement forte, nous nous contenterons de faire connaître les circonstances où elle s'adoucit.

La voyelle *au* est toujours douce : 1° lorsqu'elle est placée devant la lettre *r : aurore, Aurillac, Laure, laurier, Centaure, taureau, j'aurai, tu auras, il aura, nous aurons, je saurai, tu sauras,* etc.; lisez *orore, Orillac, Lore, lorier ; Centore,* etc.

Cette règle ne souffre aucune exception ; *vaurien,* qu'on prononce *vaûrien,* n'en est même pas

---

une, puisque ce mot doit être considéré comme une contraction de : *il ne vaut rien.*

2° *Au,* toujours doux au commencement des mots devant le *g* guttural ou la syllabe *to :* *augmenter, augurer, augural, Auguste, automnal, autorisé, autocrate, autographe.*

3° *Au,* toujours doux devant l'articulation composée *st* : *austère, austérité, austral, holocauste, caustique, causticité, Austrasie, Austerlitz.*

Le tréma placé sur l'*u* le détache entièrement de l'*a*, chaque voyelle reprend alors son intonation particulière, comme dans *Emmaüs, Esaü, Saül, Danaüs*; lisez *Emma-us, Esa-u, Sa-ul, Dana-us.*

De la voyelle E.

L'*e* se compose de cinq degrés ou nuances qui le font passer du grave au doux jusqu'à ce qu'il se dégrade entièrement et ne se fasse plus entendre.

Il y a donc cinq sortes d'*e* dans la langue française, savoir : trois *e* sonores, un *e* sourd ou demi-muet, et l'*e* tout-à-fait muet.

Le premier *e* sonore est l'*e* ouvert : *fête, tête, sortilège, je cède, tu cèdes, il cède, ils cèdent, accès, succès, progrès.*

Le second est l'*e* moyen ou demi-ouvert : *nous fêtons, nous fêtâmes, vous fêtâtes, vous prêtâtes, nous cédions, nous possédions.*

Le troisième est l'*e* fermé ou aigu: *fêter, prêter, prêcher, fêté, prêté, prêché, vous fêtiez, vous prêtiez, vous prêchiez.*

Le quatrième est l'*e* sourd ou demi-muet, comme dans la première syllabe de *breloque, bretelle.*

Le cinquième est l'*e* tout-à-fait muet : *vraie, gaiement, nous mangeons, nous mangeâmes, vous mangeâtes.*

De l'E grave ou ouvert.

1re RÈGLE. L'*e*, avec ou sans accent, suivi d'une syllabe sourde finale, ou, ce qui revient au même, de consonnes articulées également finales, est toujours ouvert : *évêque, prêtre, honnête, athlète, bibliothèque, fidèle, algèbre, collège, fève, belle, modeste, sexe, dernière, comète, quelle, quelque, père, mère, Athènes, Genève, Gênes, être, permettre, je cède, tu cèdes, il cède, ils cèdent, je cesse, tu cesses, il cesse, ils cessent, bref, chef, hôtel, bec, éternel, bel, julep, concert, lest, zest, enfer, ouvert.*

On peut regarder comme de la même famille : *aimè-je, veillè-je, régnè-je* (1), et autres verbes sem-

____

(1) Quelques grammairiens veulent qu'on fasse entendre un *e* fermé dans ces sortes de verbes; mais l'usage universel et l'autorité des personnes qui parlent le mieux démentent journellement cette opinion.

blables, parce qu'ici le pronom *je* est censé ne faire qu'un seul mot avec le verbe auquel il est joint ; il forme par conséquent une syllabe sourde, sur laquelle l'*e* final du verbe s'appuie, ce qui rend cet *e* ouvert, de muet qu'il est ordinairement lorsqu'on suit l'ordre naturel de la phrase, comme dans *j'aime, je veille, je règne.* (Voyez les remarques sur *ai-je, sais-je,* page 11.)

2e RÈGLE. L'*e* est toujours ouvert quand deux consonnes semblables se font entendre chacune séparément, comme dans *flageller, libeller, interpellation, belligérant, empenner, concetti, allégretto,* qu'il faut prononcer *flagèle-ler, libèle-ler, interpèle-lation, bèle-ligérant, empènc-ner, concète-ti, allégrète-to.* Ici l'*e* a besoin d'être ouvert, parce que l'émission de cette voyelle est bien plus propre à faire sentir distinctement les deux articulations que ne le serait un *e* moyen ou un *e* fermé ; ces deux *e,* exigeant beaucoup moins de développement dans les organes de la voix, empêcheraient les deux consonnes de se détacher l'une de l'autre.

Il ne faut pas perdre de vue que c'est l'aisance et la facilité qu'on doit chercher dans la prononciation ; tout le mécanisme du langage repose sur ces deux principes.

3e RÈGLE. Dans la terminaison *ès* l'*s,* quoique non articulée, a la propriété de rendre ouverts les *e* qui la précèdent, comme dans *progrès, accès, suc-*

cès; ajoutez le verbe tu *es*, malgré qu'il ne soit pas accentué, parce que la langue française n'admet point de monosyllabes un peu importants sans voyelles sonores.

Les monosyllabes *ces, des, les, mes, ses, tes*, sont les seuls mots où l'*s* accidentelle du pluriel impose à l'*e* le son ouvert, d'après le principe établi ci-dessus ; toutefois, *ces, des, les, mes, ses, tes*, ne prennent le son bien ouvert que dans le discours soutenu ; la conversation admet une intonation moyenne. La plupart des grammairiens reconnaissent ces deux nuances pour *ces, des, les, mes, ses, tes* (1) ; quelques auteurs veulent aussi qu'on pro-

---

(1) Des personnes certainement très-habiles, mais influen-cées peut-être par des préjugés dont nous avons tâché de nous garantir, ont nié que l'*e* de *ces, des, les, mes, ses, tes,* fût moyen dans le discours ordinaire. Nous pensons que de nouvelles ex-plications sont nécessaires pour faire excuser notre persistance à conserver cette règle. Par exemple, dans *messieurs, mesdames, mesdemoiselles, lesquels, desquels, garde-des-sceaux, Sesmai-sons, Desnoyers, Desmoulins, Desforges,* qui sont aujourd'hui de véritables composés, l'*e* est devenu très-moyen, les trois der-niers offrent même un *e* presque fermé ; au lieu que dans *mes sœurs, ces dames, ces demoiselles, des noix, des forges,* l'*e* reste ouvert parce qu'il y a deux mots distincts ; encore est-il vrai que cet *e* ne se soutient bien ouvert que dans la prononciation d'apparat. La conversation, comme nous venons de le dire, admet un *e* moyen, « attendu qu'il n'est pas permis d'y peser sur

nonce le pluriel féminin *ambages* comme *amba-
gèce*, mais cette prononciation n'est pas générale-

---

les mots comme dans un discours académique ou dans une dissertation savante. » Nous ajouterons que *ces, des, les, mes, ses,
tes,* ne présentant par eux-mêmes rien de clair à l'esprit, se
trouvent soumis à un régime que nous appelons inséparable. La
voix doit donc se porter naturellement sur ce régime, comme
étant le mot le plus important de la phrase, du moins par rapport à *ces, des, les, mes, ses, tes.* Alors ces derniers deviennent
à leur tour des premières syllabes, c'est-à-dire qu'ils forment des
espèces de composés avec le mot suivant, comme dans *messieurs,
mesdames,* etc. ; et attendu que la langue française n'admet
presque que des *e* fermés ou très-moyens dans les premières
syllabes des mots, il s'ensuit que ce n'est pas par négligence,
mais que c'est, au contraire, par un principe d'harmonie, que
l'*e* est moins ouvert dans *ces, des, les, mes, ces, tes,* que dans
les autres mots terminés en *ès,* qui peuvent s'employer sans régime inséparable.

Parmi les composés où la prononciation primitive s'est altérée, nous citerons encore *tres-saillir,* aujourd'hui *tressaillir,* et
trésor, que les étymologistes font descendre du latin *thesaurus*
et du grec *thesauros,* mais qui n'est à nos yeux que le superlatif
très, heureusement combiné avec *or.* Il est vrai que d'anciens
auteurs, jaloux d'assurer la descendance grecque ou latine du
mot *trésor,* et de lui donner une confraternité avec *thésauriser,
thésauriseur,* ont écrit *thrésor ;* mais cette orthographe, où l'on
voit figurer deux *r,* et où l'on cherche en vain des traces de la
voyelle dérivée *au,* n'a jamais pu prendre, parce qu'elle était
fausse dans le principe, et depuis on a toujours écrit *trésor,*

ment adoptée ; au reste, le mot *ambages* est fort peu usité aujourd'hui : partout ailleurs l's du pluriel ne change rien à la prononciation.

4e RÈGLE. Le *t* final, quoique non articulé, a la même propriété que l's, de rendre ouvert l'*e* qui

---

comme qui dirait *trois fois de l'or ;* car il est bon de faire remarquer que le superlatif *très* est pris du nombre *trois*. Il n'y a pas plus d'un siècle que ce dernier avait le son de *très ;* c'était dans le temps où l'on disait, même à la cour, *adrèt, frèd, je crès,* pour *adroit, froid, je crois*.

Dans le mot *trépas,* c'est-à-dire *le dernier pas, le plus grand pas qui nous reste à faire en ce monde, tré* nous paraît aussi devoir se rapporter au superlatif *très,* et non à la préposition latine *trans,* comme le prétendent la plupart des étymologistes. D'après notre opinion et les différentes explications que nous venons de donner, il est aisé de voir que l'*e* de *trépas* a dû subir la réforme ordinaire, et devenir fermé à la longue. Nous ferons encore remarquer que la préposition *avec,* qui s'emploie rarement sans régime, rentre dans les mêmes conditions que *ces, des, les, mes, ses, tes*. Ainsi, dans *avec lui, avec moi, avec nous,* etc., les personnes qui parlent le mieux ne manquent jamais de donner à l'*e* le son très-moyen. Ceux qui croient entendre un *e* ouvert n'ont pas prêté une oreille assez attentive à leur propre prononciation ni à celle des autres. Si l'on objectait que cet *e* moyen pour *avec* suivi d'un régime est une nouvelle négligence introduite dans le langage, nous répondrions que c'est, au contraire, le même principe d'harmonie dont nous parlions tout-à-l'heure qui a décidé cette intonation.

le précède, que cet *e* soit accentué ou non, comme dans *archet, armet, ballet, banquet, baudet, discret, il est, je mets, tu mets, il met, prêt, apprêt;* excepté la conjonction *et*, qui prend toujours l'*e* fermé.

*De l'*E *moyen ou demi-ouvert, et des sons influents* A, AN, EU, ON, *et* AI *des imparfaits et des conditionnels des verbes.*

Ire RÈGLE. L'*e* accentué ou appuyé sur plusieurs articulations est moyennement ouvert lorsqu'il est suivi de l'un des quatre sons *a, an, eu, on,* ou de la terminaison *oi* ou *ai* des imparfaits et des conditionnels des verbes, dans tous les mots qui dérivent de ceux compris dans la première règle de l'*e* ouvert. Ainsi, par exemple, de *blasphème, célèbre, catéchumène, élève, fièvre, ténèbre, tiède, moyenne, j'excelle, tu excelles, il excelle, ils excellent, je professe, tu professes,* etc., *je possède, je proteste, je révèle, correcte, collecte, directe, discrète, fête, système, être, mettre, séquestre,* on forme *blasphématoire, blasphèmateur, célèbrant, célèbration catéchumènat, élèvation, fièvreux, ténèbreux, tièdeur, moyennant, excellent, nous excellons, nous excellâmes, vous excellâtes, professeur, profession, nous professons, nous possèdons, nous possèdions, nous protestons, protestant, protestantisme, protestation, révèlation, correcteur, correction, directeur, discrètion, nous fê-*

tons, *systématique*, *étant*, *mettant*, *séquestration*, *j'étais*, *tu étais*, *il était*, *ils étaient*, *je mettais*, *tu mettais*, *il mettait*, *je mettrais*, *tu mettrais*, *il mettrait*, *ils mettraient*, etc.

REMARQUES.

La voyelle nasale *an*, quelle que soit son orthographe, a la même influence sur le son qui précède, c'est-à-dire que *an* peut être représenté par *en* sans rien changer à la prononciation, pourvu que la nasalité soit la même.

La diphthongue *ion* a la même influence que *on* sur l'*e* qui précède, à cause de la rapidité de l'*i*. (Voyez page 12.)

Dans tous les mots qui ne peuvent offrir une origine ou une dérivation semblable à celle que nous venons d'établir, c'est-à-dire qui ne sont point formés de mots dont la pénultième est un *e* ouvert appuyé sur une syllabe sourde finale, l'*e* sonore, quoique suivi de l'un des quatre sons influents *a*, *an*, *eu*, *on*, est toujours fermé : tels sont *préparation*, *séparément*, *complément* (1), *par conséquent* (2).

______

(1) *Complément* n'est point un augmentatif de *complet*, puisque le *t* manque : voilà pourquoi l'*e* est fermé ; au lieu que dans *complètement* l'augmentation est visible : aussi l'*e* y est-il moyennement ouvert.

(2) Tels sont encore les adverbes en *ément*, parce qu'ils ne

Il est à remarquer que c'est presque toujours dans les premières syllabes que ces sortes d'*e* se rencontrent, parce que l'harmonie de notre langue veut que les *e* des premières syllabes, et surtout l'*e* initial, soient fermés, à moins qu'ils ne se trouvent appuyés sur une syllabe sourde finale, autre règle plus générale encore.

2ᵉ RÈGLE. L'*e* accentué ou appuyé sur plusieurs articulations est moyennement ouvert lorsqu'il est suivi d'une syllabe sourde médiale suivie à son tour de l'un des quatre sons *a*, *an*, etc., ou de tout autre influent dont la propriété est de rendre demi-graves ou demi-ouverts tous les *e* qui les précèdent ; ainsi lisez *brièvement, bêtement, avénement, événement, chérement, dextrement, tellement, honnêtement, allégement, lestement, betterave, je fêterais, tu fêterais*, etc., comme *brièvement, bètement, avènement*, etc.

REMARQUE. Tous les mots ci-dessus, comme on voit, ont un double motif pour appartenir à la famille des *e* moyens : 1° parce qu'ils dérivent pour la plupart des mots compris dans la première rè-

---

dérivent d'aucun *e* ouvert, mais bien d'un *e* fermé ou d'un *e* sourd : tels sont *aisément, modèrément, passionnément, profondément, effrontément, affectionnément, conformément, délibèrément, obscurément, figurément*, formés de *aisé, modèré, passionné, profond, effronté*, etc.

gle de l'*e* ouvert; 2° parce que, les *e* sourds étant presque toujours élidés dans la prononciation, les sons *a*, *an*, *eu*, *on*, ainsi que la terminaison *oi* ou *ai* des conditionnels des verbes, se trouvent rapprochés de l'*e* sonore, et reprennent par conséquent toute leur influence sur cet *e*.

3ᵉ RÈGLE. Les terminaisons *sion* et *tion*, quelle que soit leur prononciation ou leur orthographe, donnent aussi à l'*e* qui les précède l'intonation moyenne, sans considérer l'origine des mots où elles se rencontrent. Tels sont *accession*, *digestion*, *succession*, *agression*, *congestion*, *déception*, *défection*, *procession*, *digression*, *éjection*, *élection*, *confession*, *réflexion*.

Les mots dérivés des précédents où *ion* se change en *eur* suivent la même prononciation : *accesseur*, *successeur*, *agresseur*, *confesseur*.

4ᵉ RÈGLE. La lettre *r*, qui agit si puissamment sur la plupart de nos voyelles, comme on a déjà pu s'en apercevoir, rend toujours moyennement ouvert l'*e* qui la précède ; ainsi, lisez *préférer*, *vous préférez*, *je verrai*, *vous verrez*, *acquérir*, *terrible*, *serrure*, *vertu*, *ergo*, comme *préféré*, *vous préféré*, *je véré*, *vous véré*, *acquérir*, *terrible*, etc.

La seule exception, à notre connaissance, a lieu pour la syllabe *dé* placée au commencement des mots ; cette syllabe, qu'on peut considérer comme une préposition inséparable, sert à former des composés qui ont en général une signification contraire à celle du simple, tels sont *déraciner, déraisonner, déranger, dérégler, dérider, dérouter, dérouler;* tels sont encore les substantifs *dérogation, dérision, dérivation, déraison,* etc.; dans tous ces exemples, la particule *dé* conserve le son aigu pour mieux faire sentir son origine et sa fonction grammaticale.

5ᵉ RÈGLE. L'articulation accidentelle de l'*r*, produite par sa liaison avec la voyelle d'un mot suivant, rend également l'*e* ouvert, de fermé qu'il était auparavant : *aller au bout du monde, céder à la force;* lisez *alè-r-au bout du monde, cédè-r-à la force.* (Voir, à l'article de l'*r*, quelles sont les liaisons que la prononciation exige.)

*De l'*E *fermé ou aigu, et des sons influents*
E, I, O, U.

L'*e* fermé joue un très-grand rôle dans le système harmonique de notre langage; à l'exemple de l'*a* doux, on le trouve répété jusqu'à trois fois sans aucun son intermédiaire et sans que l'oreille soit blessée en rien de cette répétition; tels sont : *décédé, décrété, répété, végété, délégué, célébré,* etc.

Il nous suffirait d'avoir indiqué les règles des deux premiers *e*, c'est-à-dire de l'*e* ouvert et de l'*e* moyen, pour nous dispenser de parler de l'*e* fermé;

mais, ne voulant rien laisser à désirer aux étrangers ni aux personnes de la province, nous allons donner les moyens de reconnaître cet *e* sans toucher aux règles précédentes, qui demeurent invariables.

1ʳᵉ RÈGLE. L'*e* accentué ou appuyé sur plusieurs articulations est fermé lorsqu'il est suivi de l'un des quatre sons *e, i, o, u*, comme dans *féter, prêter, injecter, vous fêtez, vous prêtez, je fêtai, je prêtai, je promettrai, protester, vêtir, je vêtis, je vêtissais, nous vêtissions, bêtise, accessit, technique, embellir, j'embellis, j'embellirai, nécessité, séquestré, destinée, mesquin, restreindre, flétrir, fléchir, récépissé, symétrie, tempétueux, fétu, têtu,* etc.

On peut regarder comme de la même famille les futurs de la première personne du singulier et de la seconde du pluriel de la conjugaison en *er*, tels que *je régnerai, vous régnerez, je fêterai, vous fêterez, je prêterai, vous prêterez,* etc., parce que, les *e* muets étant presque toujours élidés dans la conversation, le dernier son de *je régnerai, vous régnerez,* etc., se trouve rapproché du premier, et reprend par conséquent son influence ordinaire.

Remarquez que l'*e*, quelle que soit son orthographe, n'agit pas moins sur le son qui précède, c'est-à-dire qu'il peut être représenté par *ai*, sans rien changer à la prononciation.

On voit aussi que l'*i* nasal a la même influence que l'*i* naturel.

Observation. Il ne faut pas oublier que la consonne placée entre les deux sons ne doit jamais être la lettre *r*, attendu que cette consonne articulée rend toujours ouvert l'*e* qui la précède, quel que soit le son suivant, comme dans *bercé, terni, cerneau, vertu, sérénité, acquérir, héros.* (Voyez la 4ᵉ règle de l'*e* moyen, page 3o.)

2ᵉ RÈGLE. L'*e* initial toujours fermé, comme dans *écrevisse, échevin, exemption, égalé, exception, excroissance, esprit, esclave.*

Excepté : 1º *être, j'étais, tu étais, il était, ils étaient, nous étions,* parce que l'infinitif de ce verbe rentre dans la première règle de l'*e* ouvert, et les cinq personnes suivantes dans celle de l'*e* moyen. (Voyez pages 22, 27 et 28.)

2º Les mots où l'*e* est immédiatement suivi de la lettre *r*, comme dans *ergo, errer, ergoter, ermite,* etc. (Voyez la 4ᵉ règle de l'*e* moyen, page 3o.)

Le seul mot *eau* prend un *e* muet.

3ᵉ RÈGLE. L'*e* final marqué de l'accent aigu est toujours fermé : *bonté, beauté, santé, vérité, Noé, Aglaé, Gelboé.*

On écrivait autrefois *Noë, Aglaë, Gelboë,* ce qui n'empêchait pas le son d'être aigu, attendu que l'*e* final accentué est toujours fermé.

L'*e* féminin ajouté à l'*e* fermé ne change rien à la prononciation, non plus que l'*s* du pluriel ; ainsi, lisez de même *vanté, vantée, vantés, vantées, aîné, aînée, aînés, aînées, loué, louée, loués, louées.*

4ᵉ RÈGLE. L'*e* suivi d'une consonne finale non articulée autre que l'*s* ou le *t*, est toujours fermé : *familier, templier, clef, pied, léger, verger, allez, venez, chantez, nez ;* lisez *familié, templié, clé, pié, légé,* etc.

Excepté le composé *cep de vigne,* où l'*e* est moyennement ouvert, parce que *cep* pris isolément fait sentir le *p* final ; la même observation est applicable au composé *chef-d'œuvre.*

L'articulation accidentelle des consonnes finales, produite par leur liaison avec la voyelle d'un mot suivant, n'empêche pas le son de rester fermé, à moins que ce ne soit la lettre *r* (voyez ce qui concerne cette consonne, page 31); ainsi, prononcez *pié-tà-terre, allé-zi, ayé-zen,* pour *pied-à-terre, allez-y, ayez-en.*

Telles sont les principales règles de l'*e* fermé. Quant aux autres mots qui n'ont pu trouver place ici et qui ne se rattachent en apparence à aucune des classes précédentes, il suffira de se rappeler ce qui a été dit page 28, c'est-à-dire que les sons *a, an, eu, on,* n'ont une véritable influence sur l'*e* qui les précède qu'autant que les mots auxquels ils appartiennent dérivent de ceux compris dans la première règle de l'*e* ouvert ; partout ailleurs l'*e* accentué ou appuyé sur plusieurs articulations reste fermé, même devant les sons *a, an, eu, on,* comme dans *cédrat, Céladon, cénacle, Clément, démence, responsable, débâcle, débat, réséda, tréma, supplément, descendre,* parce qu'aucun de ces mots ne dérive de ceux qui se terminent par un *e* ouvert appuyé sur une syllabe sourde finale.

De l'E faible ou demi-muet.

L'*e* faible ou demi-muet a le même son que la voyelle *eu* dans les mots *heure, malheur, bonheur, peur, sœur.*

Cette prononciation a lieu toutes les fois que l'*e*, sans accent ou sans consonnes redoublées à sa suite, est précédé d'une diphthongue consonne, soit initiale, soit médiale (1).

Nous appelons diphthongue consonne, d'après l'expression d'un ancien grammairien, toute espèce d'articulation composée dont la seconde est une *l* ou une *r*, car c'est à l'une de ces deux lettres qu'on doit la reconnaître ; tels sont : *bl, br, cl, cr, dr, fl, fr, gl, gr, pl, pr, tr, vr.*

Dans ces sortes de combinaisons éminemment françaises, l'*e* sans accent qui vient après est toujours demi-muet, comme dans *bretelle, âpreté, diablerie, souffleter, Bretagne, Breteuil, Grenoble, Gre-*

---

(1) C'est une règle générale que toute voyelle brève devient plus longue après une diphthongue consonne.

nade, grelotter, parce que, si l'on voulait trop l'abréger, on dénaturerait malgré soi la diphthongue consonne, et l'on serait forcé de prononcer comme les gens du peuple à Paris : *beurtelle, âpeurté, diâbeulrie, souffeulter,* etc.

A la fin des mots, ces mêmes syllabes deviennent beaucoup plus sourdes, surtout si le mot suivant commence par une voyelle, cette voyelle pouvant servir d'appui à la diphthongue consonne, comme dans *contre-ordre, entre eux, sensible amie, aimable enfant;* lisez *contr'ordre, entr'eux, sensibl'amie, aimabl'enfant.*

Prononcez au contraire avec l'*e* demi-muet : *sombre vallée, acre de terre, quatre cents* (1)*, contre*

---

(1) Le mot *quatre* nous rappelle une anecdote qui peut trouver place ici. Un célèbre grammairien venait de lire la phrase *entre quatre-z-yeux,* intercalée dans le Dictionnaire de l'Académie, édition de 1798, contre l'opinion de la plupart de ses auteurs; l'indignation du grammairien fut à son comble; il entra dans la salle des séances, à l'Institut, et fit une mercuriale à ses confrères : chacun d'eux prétendit n'être pour rien dans cette insertion. De Wailly garda seul le silence; bientôt après, tirant son collègue à l'écart, il lui avoua qu'il avait indiqué de lui-même, sans y être autorisé, cette prononciation, contre laquelle tous les membres de l'Institut venaient de s'élever; il reconnut son tort et s'excusa de son mieux. Le savant grammairien fut sans doute fort glorieux de la victoire qu'il venait de remporter, puis-

nous, parce qu'ici la diphthongue consonne, quoique finale d'un mot, n'a point de voyelle suivante qui lui serve d'appui.

----

qu'il a jugé à propos de consigner ce fait dans un de ses ouvrages. Cependant nous prendrons la liberté de faire quelques observations. La prononciation *entre quatre-z-yeux* doit avoir été suivie anciennement; elle remédiait à un très-grand inconvénient. En effet, si l'on veut prononcer la phrase *entre quatre yeux* dans toute son intégrité, il faut supposer une *h* aspirée au mot *yeux,* afin de donner un appui à la diphthongue consonne, ou admettre le *z* euphonique; autrement, comme l'a fort bien observé Beauzée, on se verra forcé d'altérer le mot *quatre* et de prononcer entre *quate yeux;* ajoutez que les deux syllabes *tre,* placées à peu de distance l'une de l'autre, augmentent encore la difficulté, ainsi qu'on peut s'en convaincre soi-même en prononçant la phrase *entre quatre yeux.* De Wailly, l'un des meilleurs grammairiens que nous ayons eus, suivait probablement l'ancienne tradition, qui pouvait bien ne pas être tout-à-fait perdue de son temps; surpris de l'interpellation inattendue de son docte confrère, peut-être ne sut-il que répondre d'abord; il est très-probable que, plus tard, il ne daigna pas en prendre la peine.

N'oublions pas que l'aisance et la facilité sont deux conditions indispensables dans le langage. Les organes de la parole ne veulent rien qui les gêne; s'ils rencontrent un obstacle; ils le brisent: c'est le nœud gordien coupé par le sabre d'Alexandre. Nul doute que ce principe, qui est tout d'instinct, n'existe dans chaque langue. Quant aux mots : *quatre arbres, quatre hommes, quatre œufs,* qu'on oppose à *entre quatre-z-yeux,* objectant qu'on pour-

Ces mêmes diphthongues consonnes sont encore demi-muettes au pluriel lorsqu'il y a liaison de l's avec une voyelle suivante : *voilà d'aimables enfans, des rochers âpres et sauvages, des miracles étonnans,* lisez *voilà d'aima-ble-z-enfans, des rocher-z-âpre-z-et sauvages, des mira-cle-z-étonnans.*

---

rait tout aussi bien dire *quatre-z-arbres, quatre-z-hommes, qua-tre-z-œufs,* il y a ici une ignorance complète de l'harmonie des sons ; le passage de la syllabe *tre* aux voyelles *a, o, eu,* des mots *arbres, hommes, œufs,* se fait tout naturellement et sans aucun effort : le *z* devient donc inutile ; il y a plus, il gênerait la prononciation et lui ôterait sa douceur primitive ; tandis que dans *entre quatre-z-yeux* il y est presque nécessaire pour sauver la difficulté de l'*i* mouillé, tout-à-fait antipathique avec *tre,* à moins qu'on ne veuille prononcer le mot *yeux* en deux syllabes, c'est-à-dire *i-ieux* pour *yeux ;* ce qui serait pour le moins aussi désagréable à l'oreille. *Entre quatre-z-yeux* n'est donc pas plus le langage des halles, comme l'a prétendu un autre contradicteur de Wailly, que le *t* dans *va-t-on, demande-t-on, ira-t-on,* ou l's dans *vas-y, donnes-en.*

Du temps de Vaugelas, on prononçait par euphonie, même à la cour, *on-z-entre, on-z-ouvre, on-z-a-dit,* etc., pour *on entre, on ouvre, on a dit. Entre quatre-z-yeux* pourrait bien dater de la même époque, et avoir survécu à *on-z-entre,* etc., comme plus rationnel. Au reste, *entre quatre-z-yeux* et *entre quatre yeux* ont exercé la critique de beaucoup d'auteurs : les uns ont admis le *z,* les autres l'ont rejeté, de sorte que cette grande question est encore indécise.

On doit considérer sous le même rapport que la diphthongue consonne plusieurs consonnes séparées par un *e* sourd, et dont les articulations, trop nombreuses ou trop opposées entre elles, rendraient les mots durs ou sifflans si l'on voulait supprimer entièrement l'*e* qui les sépare, comme dans *atelier, appartement, bedeau, bedaine, chevron, chevreau, levrette, mousquetade, peser, benin, besoin,* qu'il serait trop dur de prononcer *at'lier, appart'ment, b'deau, b'daine, ch'vron, ch'vreau, l'vrette, mousq'tade, p'zer, b'nin, b'zoin;* dans ces différents exemples, la suppression de l'*e* rend très-difficile le passage d'une consonne à l'autre et détruit la sonorité de la syllabe à laquelle cet *e* appartient, en sorte que chaque mot se trouve dépourvu de son harmonie parce que les voyelles ne sont plus en nombre suffisant pour balancer les articulations ou remédier à leur nature antipathique; aussi est-on étonné de rencontrer dans un poète tel que Racine un hémistiche semblable à celui qui termine ce vers d'Iphigénie :

En faveur de mon sang j'*explique cet obstacle,*

où l'on trouve treize articulations contre cinq voyelles sonores. Assurément, si tous nos vers n'étaient pas plus harmonieux, les Italiens auraient raison de dire que notre langue est peu propre à la musique; heureusement que Racine lui-même, et tant d'autres poètes distingués, ont suffisamment prouvé le contraire.

Les deux *l* mouillées ont aussi beaucoup d'affinité avec la diphthongue consonne, surtout au milieu des mots, lorsqu'on veut les prononcer dans toute leur intégrité ; dans ce cas, l'*e* qui les suit a besoin d'être un peu moins sourd, comme dans *bailleresse, je travaillerai, tu travailleras,* etc., qu'il faut prononcer *bailleuresse, je travailleurai,* etc.; mais si l'on n'appuie que faiblement sur les deux *l* mouillées, comme il est permis de le faire dans la conversation, l'*e* peut alors s'élider entièrement.

L'*e* sans accent, suivi d'une *h* aspirée, est toujours demi-muet : *rehausser, rehasarder.*

Le pronom *le,* surtout lorsqu'il termine la phrase, prend également l'intonation de l'*eu* faible : *envoyez-le, gardez-le, laissez-le.*

Souvent, en poésie, on est obligé d'élider l'*e* du pronom *le,* lorsqu'il est placé devant une voyelle, comme dans ce vers de Crébillon :

Forcez-le à vous défendre, ou fuyez avec lui,

et dans cet autre des *Plaideurs* de Racine :

Condamnez-le à l'amende, ou, s'il le casse, au fouet.

Mais la prononciation qui résulte de ces tournures de phrases est si désagréable à l'oreille qu'il se-

rait à désirer que les poètes ne s'en servissent jamais (1).

De l'E muet.

Hors des règles établies ci-dessus, l'*e* sans accent ou sans articulations redoublées à sa suite, ne
se fait jamais sentir ; on doit mettre au premier
rang des *e* muets l'*e* qui distingue la nombreuse famille des augmentatifs.

Nous appelons augmentatif toute espèce de
mot formé d'un autre par l'addition d'une ou de
plusieurs syllabes ; l'*e* sans accent qui se rencontre
dans ces sortes de mots, et qui sert à passer du simple au composé, est toujours muet, soit qu'il appartienne au mot primitif ou radical, soit qu'on
l'y ajoute pour lier les syllabes augmentatives ;
telle est : 1º la terminaison en *erie*, appartenant à
un grand nombre de substantifs féminins ; 2º la
terminaison en *ement*, appartenant à des substantifs masculins et à des adverbes, deux séries de
mots non moins nombreuses que les précédentes ;
3º la terminaison du futur et du conditionnel des
verbes en *er*, dont l'infinitif est la racine : ainsi,

---

(1) D'Olivet fait remarquer que Racine, dans les dernières
éditions de ses œuvres, n'a employé le relatif *le* suivi d'un mot
commençant par une voyelle que dans le seul cas que nous venons de citer.

4

lisez : 1° *brasserie, agacerie, argenterie, bergerie, laiterie, rêverie, tuilerie, chancellerie;* 2° *contentement, abattement, embrassement, embrasement, premièrement, deuxièmement, ordinairement, sagement;* 3° *j'aimerai, tu aimeras, il aimera, nous aimerons, vous aimerez, ils aimeront, j'aimerais, tu aimerais,* etc., comme *brass'rie, agass'rie, argent'rie,* etc.

D'après le même principe, *sauterelle, mousseron, porcheron, bûcheron, vigneron, quarteron, feuilleton, cacheter, fureter, dangereux,* et autres mots semblables, devront se prononcer *sautr'elle, mouch'ron, mouss'ron,* etc., comme provenant de *sauter, mousse, porche, bûche, vigne, quart, feuille, cachet, furet, danger.*

Remarque. Il ne faut pas oublier toutefois que l'*e* augmentatif n'est entièrement muet qu'autant que l'articulation qui suit n'est pas trop opposée à celle qui précède : par exemple, dans *nous aimerions, vous aimeriez, chapelier,* l'*e* est moins muet que dans *nous aimerons, vous aimerez, chapeler;* pourquoi? c'est que, *rions, riez, lier,* étant trop opposés à *me* et à *pe,* l'*e* a besoin d'être un peu moins sourd, pour faciliter le passage d'une syllabe à l'autre; mais on ne doit pas s'inquiéter de cette différence, parce qu'elle tient plus au matériel de la langue qu'aux règles de la prosodie; si l'on y fait attention, on verra qu'on est obligé de prononcer ainsi.

Par la même raison, dans *faiblement, tendrement,* l'*e* sera moins muet que dans *balancement, accrois-sement.* (Voyez, page 35, ce qui a rapport à la diphthongue consonne.)

Ainsi, en suivant le mouvement naturel des or-ganes de la voix, principe qui régit les langues plus qu'on ne pense, on trouvera de soi-même la pro-nonciation qu'il faut employer ; le point essentiel est de savoir reconnaître l'*e* augmentatif.

La terminaison *ent* des verbes de la troisième personne du pluriel est une autre espèce d'aug-mentatif, dont la racine ou le mot primitif est la troisième personne du singulier ; c'est pourquoi cette terminaison est toujours muette ; ainsi, lisez de même : *il demande, ils demandent, il chante, ils chantent, il demandait, ils demandaient, il chantait, ils chantaient,* sans vouloir établir de différence entre le singulier et le pluriel, comme l'ont pré-tendu quelques grammairiens, la prononciation étant ici tout-à-fait identique.

Il est vrai qu'en poésie comme en orthographe, *il demande, ils demandent,* ne sont pas la même chose, mais cela ne touche en rien à la pronon-ciation ordinaire, excepté pour les verbes qui fi-nissent au singulier par une consonne muette à laquelle la terminaison *ent* rend son articulation, comme dans *il fend, il ment, il fond,* qu'il faut pro-noncer *il fan, il man, il fon,* tandis que le pluriel *ils fendent, ils mentent, ils fondent,* se prononce en deux syllabes, dont une sourde : *ils fan-de, ils man-te, ils fon-de,* Il y a ici à peu près la même différence que celle qui existe entre le masculin et le féminin dans certains adjectifs et substantifs, tels que *lent, rond, chat, lente, ronde, chatte.*

Autres augmentatifs.

La terminaison *eau* sans accent appartient à deux familles de mots très-anciennes dans la langue française ; la première se compose de diminutifs exprimant à la fois diminution et gentillesse; tels sont principalement les petits des animaux. Ces sortes de diminutifs français sont de véritables augmentatifs sous le rapport de la prononciation et de l'orthographe, c'est pourquoi l'*e* y est toujours muet ; ainsi, par exemple, de *baleine, bécasse, caille, carpe, chèvre, faisan, lion, pigeon, perdrix, vache, souris,* on forme *baleineau, bécasseau, cailleteau, carpeau, chevreau, faisandeau, lionceau, pigeonneau, perdreau, veau, souriceau.*

Tels sont encore *arbrisseau, berceau, chêneau, chêneteau, vermisseau.*

D'autres diminutifs le sont seulement de dimension ou d'orthographe, tels que *coteau, barreau, arceau, soliveau, bandeau, bordereau, troupeau, tombeau, trousseau,* formés de *côte, barre, arc, solive, bande, bord, troupe, tombe, trousse.*

La deuxième famille de mots en *eau*, formant leur pluriel en *eaux*, descend d'anciens masculins en *el*, dont quelques-uns des précédents faisaient partie ; ils avaient pour la plupart leurs féminins en *elle*. C'est cet *e* primitif de *el* qu'on retrouve dans *eau*; les mots en *el* correspondaient avec ceux en *al* qui existent encore dans la langue actuelle, et dont le pluriel est généralement en *aux*; ces derniers formaient aussi leurs féminins en *alle* (1), ce qui établissait une analogie et une règle facile d'orthographe. On voit aussi combien l'*e* primitif de *el* était nécessaire dans les terminaisons *eau* et *eaux* pour en faire sentir la dérivation, tandis qu'aujourd'hui il nous paraît inutile.

Les mots en *el* et en *elle* seraient très-nombreux si on ne les avait pas laissés disparaître peu à peu de la langue ; c'est une perte, car ils sont doux à prononcer et font harmonie dans le langage ; cependant nous possédons encore les masculins *bel, nouvel, damoisel, jouvencel, lambel, martel, scel, appel*, dont quelques-uns ont été plus ou moins détournés de leur signification primitive.

---

(1) « *Prouvençal* fait *Prouvençalle*, dit Meigret, ainsi que *royal* et *réal* font *royalle, réalle*. » On trouve dans le même auteur les féminins *finalle, égalle*; les adverbes *toutallement, égallement, royallement:* autre conformité avec les adverbes en *ellement*.

Nous avons aussi les féminins *belle, nouvelle, da--moiselle, chamelle, jouvencelle, pastourelle, jumelle, cervelle;* de ces différens mots sont venus *beau, nou-veau, damoiseau, chameau, jouvenceau, pastoureau, jumeau, cerveau, lambeau, marteau, sceau, appeau;* mais nous avons perdu *agnel, anel, battel, fabel, coutel, pourcel, troussel, drapel, chalumel, chastel, corbel, carrel, flambel, mantel, oisel, ormel, postel, rosel, ramel, platel, vaissel, rixel* ou *ruissel* (1), d'où *agneau, anneau, bateau, fabliau* (2), *couteau, pour-ceau, trousseau, chapeau, drapeau, chalumeau, châ-teau, corbeau, carreau, flambeau, manteau, oiseau, ormeau, poteau, roseau, rameau, plateau, vaisseau, ruisseau,* et un grand nombre d'autres qui, ayant une origine semblable, serviraient beaucoup aux règles de l'orthographe si les mots primitifs exis-taient encore.

Beaucoup de mots en *el* se sont conservés dans les noms de famille : tels sont *Blondel, Châtel, Car-rel,* etc.

Des substantifs en *eau* se sont formés quelques

---

(1) Voyez Lacombe et les autres Dictionnaires de l'ancien langage.

(2) L'*i* de fabliau remplace l'*e* qui existe dans les autres sub-stantifs en *eau.* Autrefois on disait aussi *biau, coutiau, sciau, troupiau,* etc. : ces mots se sont conservés notamment dans le patois picard.

verbes en *eler* et quelques substantifs en *elier*, dont
l'*e,* d'après la règle des augmentatifs, doit être
muet ou demi-muet, selon la nature des articulations; tels sont *marteler, bourreler, agneler, ruisse-*
ler, renouveler, appeler, chancelier, chapelier, etc.

Outre les diminutifs en *eau,* on trouve un fort
grand nombre de différentes terminaisons qui offrent également à l'esprit l'idée de diminution ou
de gentillesse; ceux-là ne sont pas moins faciles à
reconnaître que les autres, et doivent se prononcer
de la même manière: tels sont *grandelet, grande-*
lette, agnelet, éperon, moucheron, aileron, chaperon,
puceron, cervelet, bracelet, formés de *grand, grande,*
agneau, épée, mouche, aile, chapeau, puce, cerveau,
bras; ainsi, prononcez *grand'let, grand'lette, agn'let,*
ép'ron, mouch'ron, etc.

La particule réduplicative *re,* que l'on rencontre
au commencement des mots, doit être regardée
aussi comme une syllabe augmentative: tels sont
refaire, redire, retrouver, etc.; lisez *r'faire, r'dire,*
r'trouver.

La particule réduplicative *re* conserve également
ment son intonation sourde, quoique appuyée sur
deux *ss* dans tous les composés dont le simple commence par *s;* tels sont *ressaisir, ressasser, ressécher,*
ressemeler, ressemer, ressentir, resserrer, ressortir, res-
souder, ressouvenir, ressemblance, ressentiment, res-
serrement, ressort, ressource, ressouvenance, formés

de *saisir, sasser, sécher, semelle,* etc. C'est la nature de l's qui a nécessité cette orthographe, puisque, selon la règle ordinaire, cette consonne s'amollit entre deux voyelles et se prononce comme *z;* il a donc fallu la doubler pour lui conserver la prononciation de *ce.*

Ne confondez pas avec les mots précédents le verbe *ressuyer;* ici l'*e* est sonore parce que cet *e* se retrouve dans le mot primitif: on écrit *essuyer* et non pas *suyer; ressusciter* se dit aussi *réssusciter.*

L'*e* féminin est une autre espèce d'*e* augmentatif, qui n'a aucune valeur par lui-même, surtout à la suite des voyelles ; il n'est utile que pour indiquer le genre, comme dans *vraie, aimée, jolie, joue, vue, avenue;* toutefois il a la propriété de rendre sonore la consonne d'un mot féminin, de muette qu'elle était au masculin : *grand, grande, profond, profonde, savant, savante, complet, complète.* En général, dans toute espèce de désinences terminées par un *e* sans accent, cet *e* est toujours muet, soit qu'il appartienne à des masculins, comme dans *crabe, connétable, peigne, règne,* ou à des féminins, comme dans *table, neige, bague, laque, frange, ligue, tunique, fugue, nuque.*

Dans *aiguë, ambiguë, ciguë, exiguë, contiguë, béguë,* l'*e* final, quoique accentué, est muet, parce qu'il appartient également à l'*e* féminin. Cette orthographe vient d'une ancienne règle qui voulait que tous les *e* muets précédés d'un *u* sonore fussent marqués du tréma, comme on le voit dans plusieurs éditions de nos anciens auteurs, où l'on trouve écrit : *massuë, ruë, nuë, je contribuë, j'attribuë, lieuë, jouë, je jouë, j'avouë,* etc. C'est avec raison que nous avons conservé cette orthographe dans les mots *aiguë, ambiguë,* etc., pour les distinguer de la terminaison *gue* toujours sourde, comme dans *bague, vague, bègue, digue, figue, dogue, fugue, Hugues.* Peut-être indiquerait-on d'une manière plus précise que c'est l'*u* qui est sonore, si l'on écrivait *aigüe, cigüe, exigüe,* etc.

On écrit aussi *j'arguë* avec un tréma sur l'*e*, pour faire sentir que l'*u* est également sonore, et pour distinguer ce verbe des autres en *guer*, qui sont en assez grand nombre, et où l'*u* est muet, comme dans *distinguer, divulguer, droguer, extravaguer, dialoguer, voguer, enverguer, je distingue, je divulgue,* etc., qu'il faut lire *distingher, divulgher,* etc., *je distinghe, je divulghe,* etc.; ici, comme on voit, l'*u* n'a d'autre effet que de conserver au *g* sa prononciation gutturale.

L'*e* euphonique est une autre sorte d'*e* muet qui sert seulement à adoucir le *g* et à lui conserver le son du *j*, comme dans *je vengeai, je mangeai,* etc., et aussi dans *geai, pigeon, geole, geolier;* lisez *je venjai, je manjai, jai, pijon,* etc.

REMARQUE. Ce serait une grande erreur de croire

que le travail que nous donnons sur nos syllabes sourdes est inutile; l'*e* muet augmentatif, par exemple, est d'autant plus important à connaître que dans la plus grande partie de nos provinces on ne sait pas en faire la distinction. Personne n'ignore la cantillation des gens du midi, ce langage provençal ou gascon traduit sur nos théâtres pour amuser les spectateurs, et qui consiste principalement à rendre les *e* muets plus ou moins sonores; ce n'est donc qu'en fixant l'attention sur les *e* augmentatifs et en indiquant la manière de les reconnaître, qu'on pourra corriger la fausse accentuation de ces provinces.

De l'E muet répété dans les mots et dans les phrases.

De deux *e* muets placés à la suite l'un de l'autre, on élide celui dont l'articulation à laquelle il sert d'appui est la plus facile et la plus coulante, comme dans *ensevelir, écheveler, chevelure, recevoir, ressemeler, redemander,* lisez *ensev'lir, éche-p'lèr, r'cevoir, r'sem'ler, r'demander.*

Lorsque, dans un même mot, deux *e* muets se trouvent séparés par une ou plusieurs syllabes sonores, ils peuvent très-bien s'élider tous deux, pourvu que les consonnes que cette élision rapproche ne soient ni trop rudes ni trop nombreuses.

Ainsi lisez *développement*, comme *dév'lop'ment*, parce qu'ici les voyelles sonores sont en nombre suffisant pour balancer les articulations et conserver au mot son harmonie.

Si l'on élidait tous les *e* muets qui se rencontrent dans une même phrase, les articulations, se trouvant précipitées les unes sur les autres, produiraient une prononciation tout-à-fait rude et désagréable. Pour remédier à cet inconvénient, on élide un *e* alternativement, en laissant subsister de préférence le premier de la phrase, s'il appartient à un monosyllabe, comme dans : *je ne le retrouve pas*, lisez *je n' le r'trouve pas*; mais si le dernier *e* muet est placé à la fin d'un mot polysyllabe, c'est par cet *e* qu'il faut commencer l'élision; *la bague que je vous ai remise*, lisez *la bag' que j' vous ai r'mis'*. Les meilleurs grammairiens reconnaissent cette règle de prononciation. Toutefois, lorsque le second *e* muet se trouve joint à une articulation trop rude, c'est celui-là qu'on fait sentir, tandis qu'on élide le premier, quand même il appartiendrait à un monosyllabe, comme dans *ce que je vous demande*, lisez *c'que j'vous d'mand'*.

De l'E combiné avec les autres voyelles.

EA.

L'*e* accentué et immédiatement suivi d'un *a* ou de toute autre voyelle est toujours fermé, comme dans *théâtre, béatitude, géant, féal, réaction, créer, agréer, déesse, réel, déité, obéir, réintégrer, Béotie, créole, caméléon, Panthéon, réunion,* etc.; c'est donc un de ceux qui s'accordent le mieux avec leur accentuation.

Mais l'*e* sans accent est généralement muet devant une voyelle, comme dans *je vengeais, Jean, Jeanne, peau, sceau, geole, geolier, Georges, pigeon, esturgeon.* (Voyez, pour la plupart de ces mots, l'*e* euphonique et l'*e* étymologique.)

De la voyelle dérivée EI *et de son identique* EY.

Le son *ei*, variété orthographique de l'*e*, se trouve soumis aux mêmes règles d'intonation que cette voyelle primitive; ainsi, par exemple, *ei* suivi d'une syllabe sourde finale, ou, ce qui revient au même, d'une consonne finale articulée, est toujours ouvert, comme dans *peigne, seigle, je peigne, tu peignes, il peigne, ils peignent, abeille, groseille, vermeille, corneille, oreille, oseille, neige, reitre, seize, reine, veine, soleil, appareil, réveil,* etc. (1).

---

(1) *Eil* et *eille* peuvent être considérés comme appartenant à l'*e* primitif, puisque dans ces deux terminaisons l'*i* n'est employé que pour mouiller l'*l*; mais néanmoins, comme la prononciation est la même, nous avons préféré suivre l'ordre alphabétique, et rattacher *eil* et *eille* à la voyelle dérivée *ei*.

Nous n'avons aucun mot français qui se termine par *ei*. Dans *bey*, *dey*, et quelques noms propres, tels que *Ney*, *Volney*, *Hervey*, *Stanley*, etc., *ey* prend le son de l'*e* moyen.

Les terminaisons *cueil*, *gueil* et *œil*, éprouvent une sorte de transposition qui change la nature de *eil*, c'est-à-dire qu'on y entend le son *eu* tel qu'on le prononce dans *deuil*, *seuil;* ainsi, lisez *accueil*, *écueil*, *orgueil*, *œil*, comme s'il y avait *aqueuil*, *équeuil*, *orgueuil*, *euil;* et les dérivés de même, excepté ceux *d'orgueil*, tels que *orgueilleux*, *orgueilleuse*, *orgueilleusement*, *s'enorgueillir*, qui suivent la prononciation ordinaire de *eill;* cependant quelques grammairiens veulent que l'on conserve la voyelle *eu* dans ces trois exceptions, et qu'on prononce *orgueuilleux*, *orgueuilleuse*, etc.

Ei appuyé sur une articulation quelconque est toujours moyen lorsqu'il est suivi de l'un des sons *a*, *an*, *eu*, *on*, *oi* ou *ai* des imparfaits et des conditionnels des verbes, comme il a été expliqué

Les mots en *eil* sont masculins, ceux en *eille* sont féminins; cette règle correspond à celle des mots en *ail* et en *aille*. Il en est de même pour toute espèce de terminaisons à *l* mouillée: une seule indique le masculin, comme dans *bouvreuil*, *cerfeuil*, *fauteuil*, *péril*, *fenouil*, etc.; deux *ll* indiquent le féminin, comme dans *bille*, *cheville*, *fille*, *citrouille*, *rouille*, *fouille*, *dépouille*, *houille:* cette règle ne souffre aucune exception.

pages 27 et suivantes ; ainsi, lisez *tu enseignas, il enseigna, nous enseignâmes, vous enseignâtes, nous enseignons, nous enseignions, nous feignons, j'enseignais, tu enseignais, il enseignait, ils enseignaient, neigeux, seigneur*, comme s'il y avait *tu ensègnas*, etc.

Ei appuyé sur une articulation quelconque est toujours fermé lorsqu'il est suivi de l'un des quatre sons *e, i, o, u*, comme il a été expliqué page 32 ; exemple : *peigner, enseigner, j'enseignai, vous enseignez, vous enseigniez, je feignis, tu feignis, il feignit, nous feignîmes, vous feignîtes, ils feignirent, heiduque, treillis, beignet*, etc.

Les verbes *plancheyer, grasseyer*, les seuls qui existent en *eyer*, suivent la règle des verbes en *ayer*. (Voyez page 16.)

Grasseyement fait aussi sentir le *ye* mouillé.

L'accent aigu placé sur l'*e* le détache de l'*i*, et chaque voyelle reprend l'intonation qui lui est propre (Voyez page 51).

EO.

(Voyez page 51.)

De la voyelle dérivée EU.

Le son *eu*, de même que la plupart de nos voyelles, prend deux inflexions, l'une forte ou grave, comme dans *cheveu, neveu, dangereux, il pleut, je œux*; l'autre douce, comme dans *peur, heure, mal-heur, peuple.*

Le son *eu*, dans son intonation forte, se rapproche beaucoup de l'*u* ordinaire; dans son intonation douce, il a la valeur de notre *è* demi-muet.

De la voyelle EU grave.

La voyelle *eu* est grave : 1° au commencement des mots, comme dans *euphonie, euphorbe, Eumé-nide, eupatoire, euphraise, eudiste, eucologe, eucha-ristie,* etc.

2° Dans les monosyllabes ou à la fin des mots, pourvu qu'aucune consonne ne se fasse entendre après *eu;* tels sont *adieu, lieu, lieue, queue, bleu, cheveu, neveu, deux, cieux, eux, je veux, tu veux, il veut, je peux, tu peux, il peut, il pleut, je meus, tu meus, il meut, monsieur, messieurs, vœu, nœud, creux, pieux, dangereux, malheureux, périlleux, gracieux;* prononcez *adieu, lieue, queue,* etc.

REMARQUE. On voit par les mots *vœu, nœud,* mis au nombre des exemples précédents, 1° que la voyelle *œu* est identique de *eu;* 2° qu'elle en suit toutes les variations; 3° que l'*o* n'y a aucune valeur : ce n'est que par étymologie qu'on l'a conservé.

3° *Eu* toujours grave devant la diphthongue consonne *tr : neutre, feutre, pleutre, neutralité, neutraliser, calfeutrer;* lisez *neûtre, feûtre,* etc.

4° **Devant** l'articulation molle du *z* ou de l'*s* douce, représentée de quelque manière que ce soit, comme dans *creuse, creuser, gracieuse, gracieusement, macreuse, yeuse, deuxième, deuxièmement;* lisez *creûse, creûser, graciéûse, graciéûsement, macreûse, yeûse, deûxième, deûxièmement.*

5° *Eu* marqué de l'accent circonflexe est également grave, mais les mots où cet accent se rencontre sont en si petit nombre qu'ils ne peuvent constituer une règle; ce sont *jeûne* (abstinence), *jeûner, jeûdi, meûle, veûle, meûnier, meûnière:* cette orthographe a été adoptée par la plupart des bons auteurs. Peut-être ferait-on bien, pour éviter les exceptions inutiles, d'accentuer le verbe *beugler*, où la voyelle *eu* nous semble incontestablement grave, ainsi que dans *rajeunir, rajeunissement, bleuir, feudiste, feudataire, lieutenant, Teuton, Deutéronome,* et quelques autres qui appartiennent exclusivement aux sciences; les dérivés suivent la même prononciation.

Plusieurs auteurs n'admettent l'accent circonflexe que sur *jeûne* (abstinence), *jeûner, déjeûner;* nous le croyons faussement appliqué au mot *déjeûner,* dont la prononciation s'est considérablement adoucie de nos jours.

De la voyelle EU *douce.*

Il nous suffirait d'avoir indiqué les règles de l'*eu* grave pour nous dispenser de parler de l'*eu* doux; cependant, ne voulant rien laisser à désirer touchant cette voyelle, nous allons faire connaître les principales circonstances où elle s'adoucit :

1° Lorsqu'elle est placée devant la lettre *r*, soit médiale, soit finale : *cœur, sœur, malheur, heure, demeure, sieur, seigneur, seigneurie, fleur, fleurir, fleuron, Europe.*

Cette règle est la même que pour *aur*, et ne souffre aucune exception.

2° Devant toute espèce de consonne articulée à la fin des mots, comme dans *filleul, tilleul, deuil, œuf, bœuf, neuf, veuf;* ou devant une syllabe sourde également finale, comme dans *jeune*, adjectif, *meule, preuve, fleuve, ils veulent, qu'ils veulent,* **que** *je veuille, que tu veuilles,* etc., *aveugle, j'aveugle,* etc., *peuple, œuvre, couleuvre.*

Les dérivés suivent la même prononciation : *neuvième, neuvièmement, neuvaine, veuvage, désœuvrement, peupler, peuplade, aveuglement, jeunesse.*

L'adjectif numéral *neuf* joint à un mot commençant par une consonne ne fait pas sentir l'*f,* comme dans *neuf cents, neuf robes;* ce qui n'empêche pas la voyelle d'être douce.

Dans l'adverbe composé *peut-être*, la voyelle *eu*

reprend aussi son intonation douce parce qu'elle est censée médiale, de finale qu'elle est dans le verbe *il peut.*

Quant aux substantifs pluriels *bœufs*, *œufs*, que beaucoup de personnes continuent à prononcer *beû*, *eû*, cette prononciation, autorisée par tous les anciens grammairiens, se perd de jour en jour. En effet, une oreille délicate croit découvrir dans les mots *bœufs*, *œufs*, prononcés *beû*, *eû*, une sorte de trivialité qui convient plutôt au langage du peuple ; il n'y a d'ailleurs aucun motif raisonnable pour que le pluriel soit différent du singulier : ce n'est qu'un pur caprice de grammairien, auquel l'usage s'est constamment opposé ; ajoutez que la lettre *f* est une de celles qui se suppriment le plus rarement. Nous croyons donc qu'il est non-seulement permis, mais même indispensable aujourd'hui de faire entendre l'*f* des mots *bœuf*, *œuf*, au pluriel comme au singulier, et de donner à la voyelle *œu* toute la douceur dont elle est susceptible. Cette observation est applicable à l'adjectif pluriel *neuf*, (nouveau), que les grammairiens ont soumis à la même exception.

Les composés *bœuf-gras*, *œuf frais*, *œuf rouge*, *œuf dur*, *œufs brouillés*, sont les seuls qui ont conservé quelque trace de l'ancienne prononciation recommandée par les grammairiens ; ainsi, lisez *beû gras*, *eû frais*, *eû rouge*, etc.

Remarque. Il ne faut pas oublier que la voyelle *eu*, placée devant la diphthongue consonne *tr* ou l'articulation molle du *z*, représentée de quelque manière que ce soit, est toujours grave; ce sont par conséquent deux exceptions aux règles précédentes. (Voyez la troisième et la quatrième règles de l'*eu* grave.)

L'accent aigu placé sur l'*e* le détache de l'*u;* chaque voyelle reprend alors le son qui lui est propre, comme dans *réussite, réunion,*

De la voyelle eu *rendue par* u.

La voyelle *eu* paraît avoir eu autrefois, dans une infinité de mots, le son de l'*u* ordinaire; tels étaient *veu, veue, receu, deu, asseurer,* etc., etc., pour *vu, vue, reçu, dû, assurer.* Cette prononciation s'est conservée dans tous les temps du verbe *avoir* où la voyelle *eu* se rencontre; ainsi, lisez *j'eus, tu eus, il eut, nous eûmes, vous eûtes, ils eurent, j'ai eu, tu as eu,* etc., *j'avais eu,* etc., *que j'eusse, que tu eusses,* etc., comme s'il y avait *j'u, tu u, il u, nous umes,* etc.

Dans *égrugeure, mangeure, vergeure, gageure, chargeure, laceure,* l'*eu* n'équivaut également qu'à un *u* ordinaire, parce que l'*e* n'y est conservé que par euphonie; ainsi, lisez *égrujure, manjure, verjure, gajure, charjure, lassure.*

De la voyelle I *et de son identique* Y.

L'*i* offre quelques particularités remarquables ; on doit croire que le son en est agréable et harmonieux si l'on fait attention au nombre infini de syllabes où il se rencontre ; par exemple, dans *sensibilité, flexibilité, imprescriptibilité, éligibilité, divisibilité, irrésistibilité, etc.*, il est reproduit trois, quatre et cinq fois, sans que cette répétition blesse en rien l'oreille ; on ne peut même refuser à ces différents mots une sorte de douceur ou de mollesse qui n'est pas sans agrément.

Remarquez aussi comme il se lie bien avec l'*e* fermé, parce que de toutes nos voyelles c'est celle qui s'en rapproche le plus par la subtilité et la finesse de son intonation ; aussi l'*e* ouvert, représenté de quelque manière que ce soit, se change-t-il presque toujours en *e* fermé dans les dérivés où il se trouve suivi d'un *i* ; tels sont *bétise, vêtir, enlaidi, plaisir, rafraîchir, embellir, accessit,* qu'on ne peut s'empêcher de prononcer *bétise, vétir, enlédir, plésir, rafréchir, embélir, accécite,* quoique formés de *bête, vêtement, laide,* etc. (*Voyez* les sons influents *e, i, o, u,* page 32.)

En général, il est de l'essence de notre prosodie de n'employer que très-rarement les voyelles graves devant l'*i*, parce qu'il y a, dans cette al-

liance de sons, quelque chose de forcé et d'antipathique qui ne va pas à la langue française ; ainsi,
par exemple, on prononce *pôt*, *rôt*, *sôt*, *lôt*, *bi-
gôt*, avec le son grave, tandis que l'*o* s'adoucit
dans *poterie*, *rôti*, *sottise*, *loterie*, *bigoterie*, à cause
de l'*i* dont il est suivi ; par la même raison, *hôpital* prend l'*o* doux malgré son accentuation, qui
est plutôt étymologique que tonique ; *clâsse* fait
aussi *classique*, *classification* ; *bârrière*, *barricade*, *barricader* ; *infâme*, *infamie* ; *câbrer*, *cabri*, *cabriole*. Tous
ces différents exemples prouvent évidemment que
les sons doux sont inhérents à la langue française.

On prétend que l'*i* est d'un mauvais effet en musique, mais c'est lorsqu'un compositeur maladroit,
en le prolongeant au-delà de sa durée, le dénature
entièrement, oubliant sans doute qu'il est aussi rapide et aussi délié que le signe qui le représente,
ou bien encore lorsque, lui assignant une des notes
les plus élevées du clavier, il le rend tellement aigu
qu'il ébranle d'une manière trop vive les organes
si délicats de l'ouïe.

L'*i* et son identique *y*, placés à la suite de l'une
des trois voyelles primitives *a*, *e*, *o*, concourent à
la formation des sons dérivés *ai*, *ei*, *oi* ou *ai*, *ay*,
ey.

L'*i* et l'*y*, placés devant une voyelle quelconque,
ne donnent aucun son dérivé ; ils conservent leur
intonation naturelle et se prononcent avec plus

ou moins de brièveté, pour ne former la plupart du temps qu'une seule syllabe ; c'est ce qu'on appelle la diphthongue ; dans ce cas, le son de l'*i* devient tellement rapide qu'on le distingue à peine. Au reste, il importe peu pour la prononciation ordinaire, qui est l'objet essentiel de notre travail, de savoir quand il y a diphthongue, puisqu'elle existe toujours dans la conversation et même dans le discours soutenu, sauf un petit nombre d'exemples dont nous parlerons tout-à-l'heure. Quant à ce qui concerne la poésie, les traités de la versification, les dictionnaires des rimes, et plus encore l'oreille, apprendront facilement lorsqu'il y a diphthongue ou non dans le corps d'un vers.

L'*i* est long quoique suivi d'une voyelle : 1° lorsqu'il est précédé d'une diphthongue consonne (1), parce que cette diphthongue consonne a besoin d'un son plus plein et plus nourri sur lequel la voix s'appuie, pour faciliter sa double articulation et rendre la prononciation plus nette et plus coulante, comme dans *fabliau, crier, bouclier, sanglier, prier, nous prions, nous plions, vous priez, vous pliez, patriote, quatrième, friand, friandise,* etc.; cette règle

---

(1) Il ne faut pas oublier que la diphthongue consonne est une espèce d'articulation composée dont la seconde lettre est toujours une *l* ou une *r*, tels que *bl, br, cl, cr, dr, fl, tr,* etc.

correspond à celle de l'*e* muet dans les mêmes cir-constances.

2° L'adverbe *hier* se prononce aussi en deux syllabes, malgré l'opinion contraire de quelques grammairiens; mais, dans *avant-hier*, l'*i* redevient très-bref.

3° L'adverbe *y*, placé devant un mot commen-çant par une voyelle, se prolonge aussi et fait en-tendre deux *i* dont le dernier va se joindre à la voyelle du mot suivant : *j'y allai, tu y allas, il y alla, nous y allâmes, j'y étais, tu y étais*, etc.; lisez *j'i iallai, tu i iallas*, etc.

Excepté le verbe impersonnel *il y a, il y avait, il y eut*, qu'on prononce *il ia, il iavait, il ieut*.

Les deux *i* que l'on rencontre à la suite l'un de l'autre dans quelques imparfaits et subjonctifs pré-sents exigent aussi que l'on prolonge un peu le premier, et que l'on appuie dessus de manière à faire sentir une espèce de mouillé, pour distinguer ces deux temps de celui du présent de l'indicatif, comme dans *nous priions, vous priiez, que nous priions, que vous priiez, nous employions, vous em-ployiez, que nous employions, que vous employiez, nous grasseyions, vous grasseyiez*, etc., *nous essuyions, vous essuyiez*, etc., *nous appuyions, vous appuyiez*, etc.

Une autre prononciation, qui ressemble beau-coup à la précédente, et qui appartient aux deux mêmes temps et aux deux mêmes personnes, c'est celle des verbes en *gnions*, *gniez*, *illions*, *illiez*, *ouions*, *ouiez*, *uions*, *uiez*, pour les distinguer du présent de l'indicatif.

On indique la prononciation de ces sortes de verbes en mettant un tréma sur l'*i*, excepté pour les terminaisons *illions*, *illiez*; c'est ainsi, par exemple, que les bons auteurs écrivent *nous accompagnïons*, *vous accompagnïez*, *que nous accompagnïons*, *que vous accompagnïez*, *nous louïons*, *vous louïez*, etc., *nous saluïons*, *vous saluïez*, etc., et, sans tréma, *nous travaillions*, *vous travailliez*, *que nous travaillions*, *que vous travailliez*, *nous bataillions*, *vous batailliez*, etc., ce qui n'empêche pas l'*i* d'être fortement accentué.

Nous avons déjà parlé, page 16, de la syllabe sourde *ye*, qui se fait entendre dans la terminaison *aye* des verbes en *ayer*, à laquelle il faut joindre les terminaisons *eye* et *oye* des verbes en *eyer* et en *oyer*. Cette syllabe sourde *ye* se forme par une légère pression du milieu de la langue contre le palais, en sorte qu'on croirait entendre le commencement d'un *i*, si le son n'en était aussitôt étouffé par le passage subit de la voix à l'*e* muet, qui prend alors une valeur plus déterminée qu'il n'a coutume d'avoir à la fin des mots; cette réunion de sons douteux, que les grammairiens appellent *mouillé*, serait peut-être mieux définie par le nom de diphthongue ou de triphthongue altérée, puisque, indépendamment des sons *ai*, *ei*, *oi*, l'*i* et l'*e* s'y font entendre à demi.

Un quatrième *mouillé* est celui de l'*l*; ce *mouillé* ne peut avoir lieu non plus sans le secours d'un *i*, quoique souvent cet *i* se fasse à peine entendre, comme dans *travail, maille, vermeil, abeille, feuille, deuil* (1); cette articulation ou combinaison de sons et les trois précédentes sont quatre difficultés de prononciation particulières à la langue française, qu'il sera bon de se faire expliquer par un maître, la langue écrite se refusant à toute espèce d'explication satisfaisante à cet égard.

L'accent circonflexe n'influe en rien sur l'intonation ni sur la durée de l'*i* : il indique seulement une *s* retranchée, comme dans *île, abîme.*

De la voyelle O.

L'*o*, dans ses variations, offre beaucoup d'analogie avec l'*a*; de même que cette voyelle, il prend deux inflexions, l'une forte ou grave, comme dans *pot, pose, chose, côte;* l'autre douce, comme dans *or, hors, bord, force, économe, astronome, monopole, protocole, horoscope, monocorde, monotone, orthodoxe,* etc.; on voit par ces derniers exemples que l'*o* doux n'est pas moins fréquemment employé que l'*a* doux.

———

(1) **Voyez**, à l'article des consonnes, ce qui a rapport à l'*l.*

De l'O grave.

L'*o* marqué de l'accent circonflexe est toujours grave, excepté dans *aumône, hôtel, hôtellerie, rôti,* et leurs dérivés, ainsi que dans *prévôtal, prévôtale, prévôtalement, côteau, hôpital,* Pentecôte (1).

De l'O grave sans accent.

L'*o* sans accent est grave : 1° à la fin des mots, pourvu qu'aucune consonne ne se fasse entendre à la suite ; tels sont *echo, duo, numéro, loto, domino, Jéricho, croc, escroc, sirop, galop, abricot, lot, rôt, pot* ; lisez *échô, du-ô, numérô,* etc., excepté *trop,* quoique le *p* ne se fasse sentir qu'à la liaison.

2° L'*o* est grave dans toute espèce de noms singuliers en *os,* non-seulement lorsque l'*s* est muette, comme dans *dos, gros, os, repos,* mais aussi lorsqu'elle se fait sentir, comme dans *albinos, Délos, pathos, Patmos, Samos, Andros, Paros, Minos,* rhi-

---

(1) « Dans *hôtel, hôtellerie, hôpital,* l'inattention des orthographistes, dit Domergue, a laissé sur un *o* aigu le signe de la gravité. »

Il aurait pu en dire autant de *rôti, prévôtal, côteau, pentecôte.* Voyez, pour la plupart de ces mots, les observations, page 61.

nocéros (1); cette règle, comme on voit, est la même que celle des mots en *as*. (Voyez page 7.)

Les dérivés des noms en *os* suivent la même prononciation, pourvu que l's simple ou redoublée s'y retrouve, comme dans *grossier, dossier, adosser, reposer, désosser;* excepté *ossifier, ossification, osseux, osselet.*

3° L'*o* est grave dans les terminaisons *ose, oser, osier;* exemple : *chose, alose, glose, couperose, métempsycose, pose, prose, rose, rosier, oser, imposer, gosier, osier.*

Ajoutez les analogues *oseille, groseille, groseiller, rosée.*

Les dérivés des trois terminaisons *ose, oser, osier,* suivent la même prononciation, pourvu que l's douce s'y retrouve, excepté *prosaïque.*

4° L'*o* est grave dans les trois terminaisons *osion, otion, osité;* exemple : *explosion, émotion, dévotion,*

---

(1) Le langage à la mode altère chaque jour quelques-unes de nos voyelles graves; elles ne sont pourtant pas en assez grande quantité pour qu'il soit permis d'en diminuer le nombre. C'est ainsi, par exemple, que beaucoup de personnes s'habituent à prononcer avec l'*o* doux : *mérinos, rhinocéros,* altération qui s'étendra plus tard, si l'on n'y fait attention, à tous les mots de la même terminaison; mais une oreille délicate et musicienne réclamera toujours contre de pareilles atteintes portées à la variété de nos sons.

animosité, curiosité, défectuosité, monstruosité, sinuosité, etc.

Remarque. Le son grave des mots *animosité, curiosité,* etc., ne dément point l'observation que nous avons faite, page 61, sur l'emploi peu fréquent des voyelles graves devant l'*i,* parce que l's douce qui suit immédiatement l'*o* doit exercer son influence de préférence à l'*i* qui en est éloigné de deux degrés.

Ne confondez pas *coction, décoction, adoption,* et autres mots semblables, avec *émotion, dévotion,* parce que la présence du *c* et du *p,* ou de toute autre consonne, entre l'*o* et la terminaison *tion,* suffit pour détruire la règle et empêcher le son d'être grave.

De l'O doux.

Il nous suffirait d'avoir établi les règles de l'*o* grave, pour nous dispenser de parler de l'*o* doux; mais, ne voulant rien laisser à désirer au lecteur, nous allons indiquer les principales circonstances où l'*o* prend l'intonation que nous appelons douce ou ordinaire.

1° Lorsqu'il est placé devant la lettre *r*; exemple : *or, hormis, horloge, horoscope;*

2° Lorsqu'il est suivi d'une consonne finale articulée autre que l's; tels sont *mol, bémol, fol, roc, Espagnol, Job, Médoc, Languedoc, dot,* et les dérivés de même.

3º Dans les dérivés de *numéro, croc, escroc, sirop, galop, abricot, sot, pot*, etc., tels que *numéroter, escroquer, galoper, abricotier, sotte, sottise, poterie*. C'est donc une règle générale que l'*o* devient doux dès l'instant où il est appuyé sur une consonne articulée, soit médiale, soit finale, sauf les exceptions indiquées pages 66 et 67.

D'après le même principe, les composés *pot-au-lait, pot-au-feu, pot-à-l'eau, croc-en-jambes*, prennent l'*o* doux, à cause de la consonne articulée. Cette observation est applicable à tous les composés de même genre.

De l'O combiné avec les autres voyelles.

OA.

L'*o* suivi de l'*a* est toujours doux, et forme à lui seul une syllabe entière : *boa, Goa, cloaque, coaguler, coasser, croasser, coalition, Croatie.*

OE.

L'*o* suivi d'un *e* sonore est également doux, mais sa durée dépend de la place que l'*e* occupe dans les mots ; si cet *e* est final, l'*o* forme à lui seul une syllabe entière, comme dans *Siloé, Noé, Arsinoé;* si l'*e* est médial, l'*o* devient très-bref et forme avec l'*e* un son double qui répond à la diphthongue *oï*, comme dans *poésie, poète, moelle, moellon, Noël,* coëffe, coëffure, qu'il faut prononcer poisie, poîte, moile, moilon, Noil, coiffe, coiffure; ces deux derniers s'écrivent aujourd'hui comme ils se prononcent, ce qui prouve l'identité des diphthongues *oe* et *oi*.

Dans *Bohême*, *bohémien*, l'*h* muette intercalée ne change rien à la valeur de *oé*; ainsi, lisez *Boime*, *boimien*.

Dans *poêle*, *poêlon*, et leurs dérivés, la diphthongue *oé* équivaut à *oi* des mots *bois*, *mois*, *pois*; ainsi, lisez *pouâle*, *pouâlon*.

Dans les mots peu familiers qui dérivent des langues étrangères, la diphthongue *oe* est moins brève. Tels sont *goétie*, *coercition*, *Averroès*, *la Roër*. Mais, pour peu que quelques-uns de ces mots rentrent dans le domaine de la langue usuelle, *oe* reprend l'intonation de *oi*. C'est ainsi, par exemple, que les jardiniers prononcent *aloice* ou *aloisse*, pour *aloès*; les marins et les habitans des côtes, *goilette*, *goiland*, pour *goélette*, *goéland*, parce que ces mots leur sont plus familiers qu'à nous.

Dans les composés *coéternel*, *cohéritier*, *incohérent*, *cohésion*, *co* conserve toute sa durée; ainsi lisez *co-éternel*, *co-héritier*, etc.

Dans la double lettre *œ*, l'*o* perd entièrement son intonation, l'*e* seul se fait entendre, ou se lie à la voyelle suivante pour former un son dérivé; exemple: *Œdipe*, *phœnix*, mont *Œta*, *chœur*, *bœuf, nœud, œuf, sœur, cœur,* prononcez *Édipe, phénix, mont Eta, keur; beuf, neû, euf, seur, keur.*

Valeur des diphthongues oi *et* oy.

La plupart des grammairiens accordent trois degrés ou nuances à la diphthongue *oi.*

La première, et la plus douce, est semblable à l'*oè* des mots *poème, poésie, moelle;* la seconde, un peu plus grave, se rend par *oua;* la troisième, tout-à-fait grave, se rend par *ouâ.* Le premier son de ces trois diphthongues est toujours très-bref.

Tous les mots où *oi* se trouve suivi d'une syllabe sonore ou d'une syllabe sourde médiale appartiennent au *premier degré:* tels sont *boisé, broyer, cloîtrer, j'accroîtrai, tu accroîtras, il accroîtra, noyer, noyau, poireau, poirier, poivrier, paroissien, moineau, oiseau, oiseleur, roitelet, voisinage.*

Cette intonation de *oi* par *oè,* pour les exemples précédents, ne varie jamais dans la conversation; il y aurait même de l'affectation à vouloir lui donner trop de gravité. Il ne faut pas non plus tomber dans un excès contraire, et rendre le dernier son de *oi* si faible qu'on entende moins un *e* ouvert qu'un *e* aigu, comme il arrive à beaucoup de personnes de la province, et même à Paris, surtout parmi les gens du peuple.

Dans le discours soutenu, soit en vers, soit en

prose, principalement dans le chant, *oi*, quoique suivi d'une syllabe sourde médiale, peut aller jusqu'au *second degré*; ainsi, supposez des vers, de la prose élevée ou du chant, et lisez : *l'étendard royal, l'oiseau solitaire, le cruel oiseleur, un voisinage important, un poison destructeur*, comme *l'étendard rouïaal, l'ouaseau solitaire, un vouasinage importun*, etc.

Deuxième degré. La diphthongue *oi* équivaut à *ouä* toutes les fois qu'aucune voyelle sonore ne se fait entendre à sa suite, c'est-à-dire lorsque *oi* est placé à la fin des mots, ou appuyé sur une syllabe sourde finale, comme dans *roi, foi, loi, quoi, oie, soie, exploit, Loir, Loire, cloître, bourgeois, bourgeoise, Ambroise, noise, framboise*.

Troisième degré. On ne rencontre que fort peu de mots auxquels ce dernier degré soit applicable : ce sont *bois, mois, pois, poids, poix, noix, noisette, noisetier, empois, trois, troisième, troisièmement, Iroquois, Iroquoise, Troie* ville de l'antiquité, *Troyes*, ville de France.

Les composés suivent la même prononciation, tels que *contre-poids, haut-bois*; mais les dérivés suivent la règle à laquelle ils se rattachent : tels que *boisé, noyer, poisser, Troyen*, qui appartiennent au *premier degré*, parce que *oi* est suivi d'une syllabe sonore.

La diphthongue *oi* des mots ci-dessus *bois, mois, poids*, etc., ne peut jamais s'affaiblir; elle conserve la même gravité, soit dans la conversation, soit dans le discours soutenu.

Des diphthongues OIN *et* OUIN.

Oin se prononce comme *ouin*, c'est-à-dire que l'*o* prend le son de l'*ou* bref ; ainsi, lisez de même : *besoin, coin, foin, poing, point, moins, témoin, babouin, baragouin, marsouin, tintouin, Baudouin, Hardouin.*

Quelques grammairiens prétendent que la diphthongue *oin* est moins brève dans plusieurs de ces exemples ; nous pensons que le nom commun *groin*, les deux noms propres *Ébroin, Guay-Trouin*, sont les seuls susceptibles d'une augmentation, à cause de la diphthongue consonne qui précède.

OO, OON.

Deux *o* placés à la suite l'un de l'autre forment ordinairement deux syllabes, comme dans *zoologie, zoolatrie, épiploon.*

De la voyelle dérivée OU.

L'*o* suivi de l'*u* donne un son dérivé simple, qui tient le milieu entre les deux voyelles dont il se compose ; et, comme il participe de l'*u*, il en prend toute la brièveté : c'est pourquoi il forme généralement diphthongue avec la voyelle suivante, comme dans *avouer, douer, jouer, louer, oui, jouir, Louis, Louise.*

Mais dans *brouée, brouet, brouette, prouesse, clouer, trouer, éblouir, ou* devient moins rapide et forme une syllabe entière, même dans la conversation, à cause de la diphthongue consonne qui précède ; il serait même impossible de prononcer autrement. Cette observation s'applique à tous les mots du même genre.

Dans les imparfaits et les subjonctifs présents des verbes en *ouïons, ouïez* ; tels que *nous louïons, vous louïez, que nous louïons, que vous louïez, nous jouïons, vous jouïez, nous avouïons, vous avouïez, nous nouïons, vous nouïez, nous secouïons, vous secouïez,* la voyelle *ou* se prolonge également et se prononce comme après une diphthongue consonne.

Le tréma placé sur l'*u* le détache de l'*o*, comme dans *Alcinoüs, Antinoüs,* lisez *Alcino-uce, Antino-uce.*

L'accent circonflexe ou l'accent grave que l'on rencontre sur *ou* ne change rien à la valeur de cette voyelle.

U.

L'*u*, dernière de nos voyelles dans l'ordre tonique et alphabétique, a beaucoup de rapport avec l'*i*, soit pour la brièveté, soit pour la finesse de son intonation ; aussi forme-t-il généralement diphthongue avec la voyelle qui suit, du moins dans la conversation ; tels sont *statuer, commuer, attribuer, nous statuons, vous statuez, je statuai, tu statuas, juin, juillet, huit, sueur*, etc.

Mais après une diphthongue consonne, l'*u* forme à lui seul une syllabe entière, comme dans *bluette, bluet, cruel, cruauté, affluer, affluence, gluer, gluau, truand, truelle*; excepté la diphthongue *ui*, où l'*u* conserve sa rapidité ordinaire, quoique précédé d'une diphthongue consonne, comme dans *bruit, bruire, druide, fluide, pluie;* mais dans *bruissement* l'*u* semble reprendre toute sa durée. Domergue est de cet avis.

Duo se prononce aussi en deux syllabes.

Nous avons parlé ci-dessus de la durée de l'*ou* dans les imparfaits et les subjonctifs présents des verbes en *ouïons, ouïez,* la même observation a lieu pour les verbes en *uïons, uïez,* tels que *nous distribuïons, vous distribuïez, que nous distribuïons, que vous distribuïez, nous attribuïons,* etc.; ici l'*u* conserve la même durée qu'après une diphthongue consonne. Remarquez qu'on met un tréma sur l'*i* de ces sortes de verbes, afin qu'on ne prononce pas *ui* comme dans *huit, lui, suie, je suis.*

L'accent circonflexe placé sur l'*u* ne change rien à la valeur de cette voyelle.

L'*u* placé après *a, e, o,* concourt à la formation des trois sons dérivés *au, eu, ou,*

Le tréma placé sur l'*u* le détache de la voyelle précédente, et empêche par conséquent le son dérivé d'avoir lieu, comme dans *Ésaü, Saül, Pirithoüs,* lisez *Ésa-u, Sa-ul Piritho-uce.*

Des syllabes GU et QU.

La plus grande difficulté de l'*u* et son irrégularité fréquente se rencontrent dans les syllabes *gu,* et *qu,* tantôt muettes, tantôt sonores.

La syllabe *gu* est toujours sonore devant une consonne : *Argus, envergure, dégustation, lagune, légume, guttural, Gusman, Gustave, Ségur, Ségura,* etc.

L'*u* se fait entendre aussi dans *piqûre,* que quelques orthographistes écrivent *piquûre;* au reste ce mot est le seul où *qu* soit suivi d'une consonne.

Gu et *guë* sont également sonores à la fin des mots, mais ces deux terminaisons ne comprennent que les cinq masculins *aigu, ambigu, contigu, exigu, zagu,* les six féminins *aiguë, ambiguë, contiguë, exiguë, besaiguë, ciguë,* et le verbe *j'arguë,* qui n'est plus guère d'usage qu'au palais.

Les dérivés suivent la même prononciation; seulement l'*u* devient beaucoup plus rapide à cause de la voyelle suivante, avec laquelle il forme diphthongue, comme dans *aiguille, aiguillon, aiguiser, ambiguité contiguité, exiguité, arguer, arguons, vous arguez,* etc.

L'*u* se prononce aussi dans *inextinguible, à quia, équestre, équitation, quintuple, questeur, questure* (1).

Des syllabes GUA *et* QUA, *rendues par* GOUA *et* QOUA.

L'*u* prend l'intonation de l'*ou* bref dans la syllabe *gua* des noms d'origine espagnole ou italienne, et l'*a* devient grave. Tels sont *le Guadalquivir, la Guadiana, la Guadeloupe, Guarini,* auteur italien, etc.

Gua a encore la prononciation de *gouá,* dans *alguazil, lingual,* à cause de leur origine.

Quadr' au commencement des mots, appuyé sur une voyelle quelconque, prend l'intonation de *qouâdr'* comme dans *quadragésime, quadrupède, quadruple, quadragénaire, quadrature* (terme d'astronomie et de mathématiques), *quadrifolium, quadrinome, quadrige, quadrangulaire, quadrilatère,* etc.

Excepté *quadran, quadrat, quadrille, quadre, quadrature* (terme d'horlogerie , qu'il ne faut pas confondre avec le précédent). Aujourd'hui trois de ces mots s'écrivent le plus souvent par un *c;* ce

___

(1) Nous renvoyons à la fin de l'ouvrage pour les mots moins usités , omis ici.

sont *cadre*, *cadrer*, *cadran* ; il serait à désirer qu'on employât la même orthographe pour *quadrille*, *quadrat*, *quadrature*, afin d'éviter les exceptions inutiles.

Remarquez que la prononciation de *qouâdr'* ne s'applique en général qu'à des mots peu usités ; tandis que les six mots suivans, devenus pour la plupart très-familiers, même aux personnes du peuple, ont dû prendre insensiblement une prononciation française. Cette observation est applicable aux mots *quadrupède*, *équestre*, que l'on commence à prononcer *cadrupède*, *ékestre*.

La syllabe *qua* a encore la valeur de *qouâ*, dans *aquarelle*, *aquatique*, *équateur*, *équation*, *in-quarto*, *quaker*, *quaterne* (1), *quaternaire*, *quatuor*, et quelques autres que l'on trouvera à la fin de cet ouvrage.

Partout ailleurs l'*u* des syllabes *gu* et *qu* suivi d'une voyelle est toujours muet ; comme dans *guérir*, *guimauve*, *équarir*, *équarissage*, *querelle*, *quidam*, *équilibre*, *antiquité*, *qualification*, *quolibet*, *quasimodo* (2), *quanquan*, *quatrain*, *quartaut*, etc.

---

(1) « La loterie, dit Domergue, a rendu le mot *quaterne* très-familier aux joueurs ; ils disent : *J'ai joué le caterne, j'ai manqué le caterne.* »

(2) Domergue fait observer que les gens d'église disent le dimanche de la *qouâsimodo ;* les gens du monde, le dimanche de la *casimodo.*

Telles sont encore les deux nombreuses familles de mots terminés en *gue* et en *que*, et les verbes en *guer*, dont le seul verbe *arguer* se distingue.

Des voyelles nasales.

Toute voyelle quelconque dont l'intonation ordinaire se trouve changée ou altérée par la rencontre immédiate d'une *m* ou d'une *n* s'appelle *nasale*, parce que le son qu'elle produit part un peu du nez.

Quand il y a nasalité, l'*m* et l'*n* cessent d'être consonnes et deviennent de véritables accents; aussi ne font-elles sentir leur articulation que dans un très-petit nombre de mots dont nous parlerons plus bas.

En voyant l'analogie qui existe entre l'échelle diatonique de nos voyelles et les notes de musique, ne pourrait-on pas considérer l'*m* et l'*n*, dans les circonstances où elles imposent la nasalité, comme les véritables bémols du langage? En effet, si l'on consulte l'organe intérieur où le son vient frapper ou d'où il part, on trouvera qu'il est placé plus bas que celui qui fait vibrer les voyelles ordinaires, mais à un degré très-rapproché.

Pour peu que cette définition paraisse juste, il faudra convenir que nos voyelles nasales sont une richesse de plus que nous possédons, et que les étrangers ont tort de se récrier comme ils font et de vouloir nous persuader qu'elles donnent pour ainsi dire un ton faux au langage.

Il y a en tout cinq voyelles nasales : *An, en, in, on, un,* d'où dérivent *am, em, im, om, um.*

Règles générales.

An, en, in, on, un, suivis d'une consonne autre que l'*n* ou placés à la fin des mots, prennent toujours la nasalité. Exemple : *Danger, danser, gentil, sensé, censé, trente, quarante, sens, cent, brin, chemin, raisin, j'obtins, tu obtins, il obtint, tinter, fronde, sonde, rond, ronde, pont, an, maman, jardin, fin, pin, son, ton, mon, un, brun.*

Mais, lorsque *an, en, in, on, un,* sont suivis d'une voyelle, la nasalité disparaît, parce qu'une consonne ne peut appartenir qu'à la voyelle suivante, et non à celle qui précède. Ainsi, lisez *gla-ner, faner, bénir, finir, inhabile, inhérent, inhumer, prône, trône, prune, brune,* comme *gla-ner, fa-ner, bé-nir, fi-nir, i-nabile, i-nérent, i-numer,* etc.

Remarque. On voit par les mots *inhabile, inhérent, inhumer,* que l'*h* muette n'empêche pas l'*n* de se joindre à la voyelle suivante.

Deux *n* de suite font aussi disparaître la nasalité. Ainsi, lisez *année, annoncer, la mienne, la tienne, la sienne, honneur, innocent,* comme *a-née, a-noncer,* etc.

L'*e* muet ou toute autre voyelle placée devant *an, en, in, on, un,* ne change rien à leur nasalité respective, parce que l'*n* ne peut affecter que la voyelle qui la précède immédiatement. Ainsi, lisez *Jean, bain, sain, seing, dixain, plein, serein, pigeon, à jeun,* comme *Jan, bin, sin, dizin, plin, serin, pijon, à jun.*

Excepté *faon, paon,* les noms de géographie *Craon, Laon,* qu'on prononce *fan, pan, Cran, Lan;* mais dans *taon, Saint-Laon,* c'est l'*a* qu'on élide. Ainsi, lisez *ton, Saint-Lon.*

Quelques grammairiens doutent que l'on puisse prononcer *ain* et *ein* comme *in,* et, ne sachant quelle différence assigner à ces deux combinaisons, ils embarrassent les étrangers sans rien résoudre.

Il paraîtrait qu'on faisait autrefois des espèces de diphthongues de *ain* et de *ein,* comme on fait encore dans tout le midi : c'est sans doute ce qui a trompé la plupart des grammairiens ; mais nous pouvons assurer qu'aujourd'hui ces deux voyelles nasales sont identiques de *in.* Ainsi, lisez de même *pain, peint, pin, rein, rhin, vain, vin, saint, sain, sein, seing.*

Cette observation est applicable à la voyelle nasale *aim,* comme dans *essaim, faim, daim,* qu'on prononce *essin, fin, din.*

Am, em, im, om, um, conversion de *an, en, in, on, un,* ne prennent de nasalité que devant le *b* et le *p,* et dans un petit nombre de mots dont nous parlerons plus bas. Partout ailleurs l'*m* s'articule, soit devant une voyelle, soit devant une consonne, ou à la fin des mots, et la nasalité cesse, comme dans *amitié, amour, calomnie, calomnier, hymne, somnambule, somnifère, Agamemnon, Clitemnestre, décemvir, septemvir, triumvir, centumvir, Stockholm, Jérusalem, Salem, tam-tam, Vertumne.*

Remarques particulières.

AN.

La terminaison *man* ne prend pas de nasalité dans *alderman, landaman,* ni dans quelques noms propres d'origine allemande, tels que *Hoffman, Naderman,* etc.; lisez *aldermane, landamane, Hoffmane, Nadermane.*

La finale *an* ne se lie jamais avec une voyelle suivante; on ne saurait dire, par exemple, *un an-n-entier, un ruban-n-imprimé, un artisan-n-habile, un paysan-n-adroit, un courtisan-n-importun, un roman-n-intéressant, un tyran n-odieux* (1), parce

____

(1) Nous avons entendu faire toutes ces fausses liaisons par des puristes de provinces.

que la règle concernant la liaison des consonnes finales avec un mot suivant n'a lieu : 1º que pour les adjectifs suivis de leurs substantifs ; 2º pour les pronoms, les articles et autres équivalents, suivis du mot avec lequel ils s'accordent, tandis qu'il ne se rencontre que des substantifs dans cette terminaison.

Une autre observation importante, c'est que le substantif désignant un objet ou exprimant une idée complète peut subsister seul dans le discours ou à la fin d'une phrase, il n'a besoin d'un adjectif qu'accidentellement et par modification ; l'adjectif, au contraire, ne peut être employé qu'avec un substantif exprimé ou sous-entendu ; il n'offre par lui-même rien de clair à l'esprit ; il faut recourir au substantif pour lui donner une signification. L'adjectif est donc inséparablement uni au substantif, comme le pronom l'est au verbe, et l'article, l'adverbe ou la préposition au mot avec lequel ils s'accordent. Ces différentes explications nous paraissent suffisantes pour faire comprendre les liaisons indispensables et non indispensables de l'*n* ou de toute autre consonne finale.

EN.

En prend deux nasalités : la plus ordinaire est celle de *an*, l'autre est celle de *in*.

Quelques grammairiens doutent que ce soit l'*a*

qui emprunte la nasalité de l'*i* dans *bien*, *rien*, *Agen*, *Suffren*, *Nazaréen*, etc. Ils demandent si ce n'est pas plutôt l'*i* qui emprunte celle de l'*e*. Mais on peut dire que l'*e*, très-versatile de sa nature, n'a point de nasalité qui lui soit propre, et que dans *en*, qu'on prononce *in*, il emprunte celle de l'*i*, comme on le voit ailleurs emprunter celle de l'*a*.

De EN *rendu par* AN.

En suivi d'une consonne prend la nasalité de *an* : *dépendre*, *fendre*, *enrichir*, *cens*, *sens*, *cent*, *talent*, *lent*, *Confolens*, etc. ; lisez *dépandre*, *fandre*, *anrichir*, etc.

Excepté *agenda*, *appendice*, *spencer*, *Amiens*, *retentum*, *pensum*, qu'on prononce *ajinda*, *apindice*, *spincer*, *Amiin*, *retintome*, *pinsome*.

Ingrédient se dit *ingrédiin*, contre l'autorité de Vaugelas et des anciens lexicographes, qui ont fait tout ce qu'ils ont pu, de leur temps, pour conserver à ce mot sa véritable prononciation.

Chrétienté se dit mieux *chrétienneté*. Cette prononciation est celle de toutes les personnes qui parlent bien, et n'a rien que de naturel, quoique beaucoup de grammairiens la condamnent : les uns, voulant qu'on prononce *chrétianté*, les autres *chrétiinté*; mais une oreille délicate trouvera toujours quelque chose de dur et de trivial dans ces deux prononciations. D'ailleurs, le mot *chrétienté* doit être considéré comme un augmentatif de *chrétien, chrétienne*, deux qualificatifs qui ont dû exister avant le substantif abstrait ; et, en suivant la marche ordinaire des augmentatifs, qui consiste à conserver ou à ajouter un *e* muet pour lier les syllabes augmentatives, on se convaincra que c'est à tort, et peut-être par corruption, qu'on écrit aujourd'hui *chrétienté* au lieu de *chrétienneté*.

La particule *en*, soit pronom, soit préposition, les noms de géographie *Caen, Ecouen, Rouen*, prennent la nasalité de l'*a*. Ainsi, lisez *an, Can, Ecouan, Rouan*.

Enivrer, ennui, se disent aussi *an-nivrer, an-nui*. Quelques grammairiens veulent qu'on prononce de même *énorgueillir, ennoblir*; mais ces deux mots se disent plus généralement *é-norgheillir, a-noblir*.

Enharmonique se dit aussi *an-narmonique*. Dans *enhardir, enharnacher*, qu'on prononce *an/hardir, an/harnacher*, l'*n* ne se lie point à la voyelle suivante, à cause de l'*h* aspirée.

Hennir, hennissement, nenni, solennel et leurs dérivés, changent l'*e* en *a* doux. Ainsi, lisez *hanir, ha-nissement, na-ni, sola-nel*.

M. Charles Nodier fait observer, au mot *hennir*, que, malgré l'autorité de l'Académie et d'un grand nombre de lexicographes, beaucoup de personnes prononcent *hénir.* « Il faut convenir, ajoute-t-il, que cette prononciation est à la fois étymologique et euphonique. »

La terminaison *ent* des verbes de la troisième personne du pluriel, dont elle est la marque distinctive, n'équivaut jamais qu'à un *e* sourd. (Voyez l'*e* augmentatif, page 43.)

De EN *rendu par* IN.

En tout-à-fait final, c'est-à-dire sans aucune consonne à sa suite, prend la nasalité de *in* : *Bien, rien, le mien, le tien, le sien, chien,* et son somposé *chiendent, moyen, doyen, citoyen, Julien, Bastien, Valentinien, Enghien, Suffren, Dupuytren,* et généralement tous les noms de peuples, tels que les *Athéniens,* les *Achéens,* les *Européens,* etc., ou les noms de sectes, tels que les *ariens,* les *saducéens,* etc.; lisez *biin, riin,* le *miin,* le *tiin,* etc. Cette prononciation est la seule véritable. Plusieurs grammairiens ont voulu, il est vrai, établir une tierce nasalité pour la diphthongue *ien* dans *bien, rien, mien, tien, sien,* etc. D'autres ont prétendu que ces mots se terminaient par un *e* fermé : ce sont autant d'erreurs que la conversation des personnes qui parlent bien dément chaque jour.

La particule *en,* les noms de géographie *Caen,*

Ecouen, Rouen, se prononcent avec la nasalité de *an* (voyez page 85). Ces quatre exceptions pour la terminaison *en* sont les seules à notre connaissance.

Remarque. D'après la règle générale, qui veut que *en* à la fin des mots prenne la nasalité de *in*, on voit combien il est important de ne jamais supprimer au pluriel, comme font beaucoup d'écrivains, le *t* du singulier, qui sert à distinguer les deux nasalités. Ainsi, par exemple, on ne doit pas écrire *des expédiens, des inconvéniens, des hommes prudens, des orateurs éloquens*, mais *des expédients, des inconvénients, des hommes prudents, des orateurs éloquents*, puisque la présence du *t* indique de suite au lecteur la nasalité qu'il doit employer.

Dans la terminaison *men*, qui n'appartient qu'à des mots empruntés des langues étrangères, soit anciennes, soit modernes, l'*e* perd sa nasalité et l'*n* s'articule. Tels sont *amen, dictamen, gramen, hymen*, etc. : lisez *âmène, dictamène, gramène, hymène.*

Examen, beaucoup plus usité que les mots précédents, suit la règle ordinaire et se dit *examin*. « Il est vrai qu'au barreau, dit Girault du Vivier, on fait sentir le *n* final, mais cette prononciation n'est pas assez en usage pour qu'on doive l'imiter. »

Quelques auteurs ont fait rimer *hymen* avec des mots terminés en *in*. Cette intonation n'est pas heureuse, surtout dans la haute poésie, et l'on aime généralement mieux entendre prononcer *hymène* que *hymin.*

En perd encore sa nasalité à la fin des noms propres d'origine anglaise ou allemande, parce que, comme le fait observer Girault du Vivier, les langues étrangères n'admettent point le son nasal.

Eden se dit aussi *Edène.*

Dans les verbes *tenir, venir,* et leurs nombreux dérivés, *ien* prend la nasalité de *iin,* non-seulement à la fin des mots, mais partout où cette diphthongue se rencontre. Ainsi, lisez *je viens, tu viens, il vient, je tiens, tu tiens, il tient, je tiendrai, tu tiendras,* etc., *je viendrai, tu viendras,* etc., comme *je viins, tu viins,* etc.

Cette diphthongue *ien* est tellement identique de *iin* que, dans les temps où le premier *i* se perd, on a substitué *in* à *en,* et l'on écrit *je vins, tu vins, il vins, nous vînmes,* etc.; *que je vinsse,* etc.; *je tins, tu tins,* etc. L'e d'*examen* se change aussi en *i* dans *examiner.*

Agenda, spencer, appendice, ingrédient, Amiens, retentum, pensum, se prononcent *ajinda, spincer, apindice, ingrediin, Amiin, retintome, pinsome.*(Voyez page 84.)

La terminaison *en* n'admet de liaison avec une voyelle suivante ou une *h* muette, 1° que pour l'adjectif *ancien* suivi d'un substantif, parce qu'il est le seul de cette terminaison ; 2° pour *en* soit préposition, soit pronom, et pour les adverbes *bien* et *rien* suivis du mot avec lequel ils s'accordent. Ainsi, lisez *un ancien ami, je n'en ai pas, j'en envoyai, nous nous en allâmes, ils en obtinrent, en Angleterre, en Italie, en été, en hiver, bien-aimé, bien-être, bien apprendre, rien à dire, en y entrant, en un moment, bien agréablement, bien utilement, bien humblement,* comme *un-n-anciè-n-ami, je n'an-n-ai pas, j'an-n-envoyai, nous nous an-n-allâmes,* etc. ; *biin-n-aimé, biin-n-être, biin-n-apprendre, riin-n-à-dire,* etc.

Remarquez que, dans tous ces exemples, *en bien* et *rien* conservent leur nasalité respective, au lieu que dans *ancien* la nasalité disparaît et fait place au son de l'*e* ouvert. Cette différence sera expliquée plus bas.

Hors des cas précédents, *en, bien* et *rien* demeurent séparés du mot suivant, comme dans : *allez-vous-en au jardin, va-t'en où tu voudras, donnez-m'en un, parlez-en à votre frère, elle est très-bien et très-aimable, elle ne demande rien et n'attend rien,* qu'il faut lire : *allez vous-en / au jardin, va-t'en / où tu voudras,* etc.

Dans ces derniers exemples, il est facile de voir que *en, bien* et *rien* ne sont pas inséparablement unis au mot suivant, et qu'on peut très-bien le supprimer ou faire une pause après *en, bien* et *rien,* sans suspendre ou changer le sens de la phrase.

Bien et *rien* pris substantivement ne se lient pas non plus à la voyelle suivante : *un bien à vendre, tout son bien est engagé, le bien et le mal, il ne faut qu'un rien à l'homme pour le faire changer d'avis,* lisez : *un bien / à vendre,* etc.

IN.

N'oubliez pas de prononcer *feint, peint, pain, rein, vain,* de la même manière que *fin, pin, rhin, vin.* (Voyez les observations à ce sujet, page 81.)

Dans les féminins de *ain* et de *ein,* l'*n* se détache de l'*i* pour se joindre à l'*e* muet ajouté et former une syllabe sourde, tandis que l'*i* reste à la voyelle précédente, et concourt avec elle à faire entendre les sons dérivés *ai, ei ;* ainsi, par exemple, de *certain, hautain, lointain, prochain, Africain, serein, plein,* on forme *certaine, hautaine, lointaine, prochaine, Africaine, sereine, pleine,* qu'on prononce *certè-ne, hautè-ne,* etc.

Mais dans les féminins formés des masculins purement en *in,* après la séparation de l'*n* et sa liaison avec l'*e* muet ou féminin, l'*i,* restant seul, reprend son intonation naturelle. Ainsi, de *badin, câlin, féminin, fin, masculin, mutin,* on forme *ba-*

Toutes ces observations, qui constituent la part de chaque mot touchant la nasalité et la liaison de l'*n*, paraissent avoir échappé à la plupart des grammairiens, les uns prétendant que la nasalité ne peut avoir lieu dès qu'il y a liaison de l'*n* avec une voyelle suivante, les autres voulant établir la nasalité indistinctement, très-peu ayant su faire la différence des véritables adjectifs ou qualificatifs d'avec leurs équivalents, ou des mots qui n'ont aucun rapport à la qualification.

Ainsi, d'après la règle des adjectifs, on prononcera: *un bo-n-époux, un bo-n-avis;* et d'après la règle des pronoms : *on-n-arrive, on-n-attend, mon-n-habit, ton-n-épée, son-n-ami,* pour *on arrive, on attend, mon habit, ton épée, son ami.*

UN.

La nasalité que l'*u* reçoit de l'*n* le rapproche beaucoup de *on;* dans *punch, de-profundis*, il en prend la nasalité ; aussi lisez *ponche, dé-profondice.*

Les marins disent le *Son* pour le *Sund*, détroit à l'entrée de la mer Baltique.

Nous avons vu plus haut que l'article numéral *un* et le pronom indéfini *aucun* conservent leur nasalité malgré la liaison de l'*n* avec une voyelle suivante ou une *h* muette ; mais cette liaison n'est de rigueur, comme nous l'avons déjà dit, que devant un substantif ou un adjectif. Ainsi, lisez : *un esprit, un homme, un aimable enfant, un autre, aucun ami,* *comme un-n-esprit, un-n-homme, un-n-aimable en-* *fant, un-n-autre, aucun-n-ami.*

Partout ailleurs *un* et *aucun* ne sont point inséparablement unis au mot suivant. «Le *n* final du mot *un,* dit Girault du Vivier, ne se fait pas sentir dans *il y en eut un assez hardi, l'un et l'autre, l'un aime le vin et l'autre le-jeu,* parce que, dans ces trois phrases, *un* ou *l'un* n'est ni nécessairement, ni inséparablement lié avec l'adverbe *assez,* avec la conjonction *et,* avec le verbe *aimer.* »

Nous ne terminerons pas cet article sans faire observer que *un* et *aucun* sont à peu près les seuls mots en *un* qui se lient à une voyelle suivante, parce qu'il n'y a point d'adjectifs de cette terminaison qui puissent se placer convenablement devant un substantif commençant par une voyelle. On ne saurait dire, par exemple : *un brun habit, un importun éclat, un commun ami, un opportun évènement,* sans pécher contre l'harmonie du langage, soit qu'on fasse la liaison, soit qu'on l'omette. C'est donc une règle presque générale que les adjectifs à terminaisons nasales se placent après les substantifs commençant par une voyelle. Nous avons remarqué, de plus, que ces sortes d'adjectifs sont en fort petit nombre, sans doute à cause du mauvais effet de la liaison ou de l'hiatus qui en résulte.

Mais on peut sans inconvénient placer l'adjectif devant le substantif lorsque celui-ci commence par une consonne, comme dans *un importun souvenir, un commun malheur*. Ici la prononciation n'offre plus rien de désagréable à l'oreille.

Remarques particulières sur AM, EM, IM, OM, UM.

AM.

Am, suivi d'une consonne autre que le *b* ou le *p*, n'est nasal que dans *Samson, Adamson, Damville, amfigouri*, mieux *amphigouri*, et à la fin des mots *Adam, quidam, dam* (dommage, peine des damnés) ; mais l'interjection *dam*, formée du substantif précédent, suit la règle ordinaire et se prononce *dame*. Quelques auteurs emploient cette dernière orthographe, faisant dériver l'interjection *dame* de *Notre-Dame*.

L'*m* est muette dans *condamner, condamnation, damner, damnation*, que l'on prononce *dâner, dâna-tion*, etc.

Partout ailleurs l'*m* s'articule, même à la fin des mots, et l'*a* conserve son intonation ordinaire, comme dans *salam, alpam, tam-tam, Rotterdam, Amsterdam, Cham, Priam*, etc., lisez : *salame, al-pame, tame-tame, Rotterdame, Ame-sterdame, Kame, Priame*.

EM.

Em, suivi d'une consonne autre que le *b* ou le *p*, n'est nasal que dans *emm* initial : *emmener, emma-gasiner*, etc., lisez : *an-mener, an-magasiner* (1).

Partout ailleurs la nasalité cesse, et l'*m* s'articule même à la fin des mots, comme dans *hem! idem, item, harem, Salem, Jérusalem, Harlem*, etc., lisez : *hè-me, idè-me*, etc.

Cette règle, comme on voit, est la même que pour *am*, et se retrouvera aussi pour *um*, parce que les mots qui se rattachent à ces trois terminaisons ont tous également une origine étrangère, et qu'ils sont peu usités dans le langage.

Les adverbes en *emment* ont cela de particulier, qu'ils changent leur terminaison en *ament*, comme *précédemment, prudemment, innocemment, sciem-ment*, qu'il faut lire *précédament, prudament*, etc.

Femme, indemnité et *solemnel*, qu'on écrit plus communément aujourd'hui *solennel*, changent aussi l'*e* en *a*; ainsi prononcez *fame, indame-nité, solanel*, et les dérivés de même; excepté *indemne*, qui se dit *indème-ne*.

IM.

L'*i* garde sa nasalité dans les deux terminaisons *aim* et *im*. Ainsi, lisez *daim, étaim*, terme de car-

____

(1) *Emmaigrir* s'écrit aujourd'hui et se prononce *emaigrir*.

deur, *faim*, *essaim*, *thym*, comme *din*, *étin*, *fin*, *essin*, *tin*, parce que ces mots sont devenus très-ordinaires dans le langage. Par la même raison *Joachim* se dit *Joachin*. Dans tous les autres noms propres terminés en *im*, l'*m* se fait sentir, et l'*i* reprend son intonation naturelle. Tels sont *Ephraïm*, *Zizim*, lisez *Ephra-ime*, *Zizi-me*; ajoutez *interim*, mot emprunté du latin, et qui n'est pas encore assez familier pour suivre la prononciation ordinaire.

OM.

Om, suivi d'une consonne autre que le *b* ou le *p*, n'est nasal que dans *comte* et ses dérivés, tels que *comtesse*, *comtat*, *comté*, *Franche-Comté*, un *Franc-Comtois*, *vicomte*, *vicomté*, etc.

Automne se dit *autone*; mais dans *automnal* l'*m* reprend son articulation.

Om est toujours nasal à la fin des mots, comme dans *dom*, titre d'honneur, *nom* et ses dérivés, tels que *pronom*, *prénom*, *renom*, *surnom*. Ces différents mots sont à peu près les seuls de cette terminaison. Ajoutez pour les noms propres *Riom*, ville, *Absalom*, nom d'homme, qui s'écrit aussi *Absalon*.

UM.

Um, à la fin des mots, est non-seulement sans nasalité, de plus l'*u* prend l'intonation de l'*o* naturel; ainsi lisez *ultimatum*, *album*, *Latium*, *laudanum*, *opium, Gorcum, palladium, retentum, te Deum,* etc., comme *ultimatome, albome, Laciome,* etc., excepté *parfum,* qui se dit *parfun,* à cause de son emploi fréquent dans le langage, et *factum,* qu'on prononce *facton.*

Pensum suit aujourd'hui la prononciation des mots en *um,* et se dit *pinsome.*

L'*u* a encore la valeur de l'*o* naturel dans *duum-vir, triumvir, centumvir* et leurs dérivés ; ainsi lisez *duome-vir, triome-vir centome-vir.*

De la liaison de l'M.

L'*m* muette finale ne saurait entrer en liaison avec une voyelle suivante sans blesser l'harmonie du langage, parce qu'il n'y a aucun mot terminé par une *m* qui soit soumis à un régime ou complément inséparable. Cette observation s'applique aux six terminaisons *am, em, aim, im, om, um,* attendu que les mots qui s'y rapportent sont des substantifs.

Fausse prononciation des voyelles.

A.

Un très-grand nombre de personnes ne donnent qu'une seule inflexion à chacune de nos voyelles. A Paris, dans les hautes classes de la société, on emploie généralement l'*a* doux. Cette affectation nouvelle est tout-à-fait contraire à l'harmonie du langage, parce qu'elle tend, comme nous l'avons dit au commencement de cet ouvrage, à détruire la variété des sons.

Dans les provinces du nord et de l'ouest, c'est l'*a* grave qu'on emploie principalement dans les monosyllabes et à la fin des mots, comme dans *le chat, le rat, çà, là, je vas, tu vas, il va, tu iras, il ira, tu voudras, il voudra*, etc., qu'on prononce *le chât, le rât, çâ, lâ*, etc. Il est d'autant plus important d'éviter ce défaut, qu'il multiplie l'*a* grave à l'infini, contre la règle générale de notre prosodie, qui veut que les syllabes fortes soient en bien plus petit nombre que les syllabes douces.

Dans la prononciation du chant, on augmente un peu l'*a* doux, sans que cette augmentation blesse en rien l'oreille ; elle rend au contraire la note plus pure et plus sonore, parce que cet *a*, ainsi augmenté, exige une ouverture de bouche plus considérable. La même observation est applicable à l'*e* ouvert.

La déclamation n'est pas non plus exempte de cette légère augmentation, qui donne à l'organe d'un acteur ou d'un orateur plus d'étendue, plus de force et plus de noblesse. Il faut prendre garde néanmoins de tomber dans l'emphase et le ridicule. C'est ce qui arrive lorsqu'on donne à l'*a* doux le son tout-à-fait grave et à l'*e* ouvert le son de l'*a*; car, dans l'échelle diatonique de nos voyelles, l'*a* doux est très-voisin de l'*e* ouvert.

Le subjonctif présent des verbes *aller*, *falloir*, *valoir*, paraît avoir eu autrefois un son grave qui s'est adouci peu à peu, et l'on aurait aujourd'hui une prononciation presque triviale si l'on disait: *que j'âille*, *que tu âilles*, *qu'il âille*, *qu'ils âillent*, *qu'il fâille*, *que je vâille*, *vâille que vâille*. C'est donc à tort que quelques personnes de province continuent à prononcer ainsi.

AU.

Les fautes qui existent pour l'*a* ont lieu aussi pour la voyelle dérivée *au*, c'est-à dire qu'on ne lui donne qu'une seule inflexion. Les uns la font toujours douce, les autres toujours grave, selon le langage ou la mode du pays. A Paris, par exemple, où il est du bon ton de décolorer toutes nos syllabes, la voyelle *au* s'affaiblit tellement dans la bouche de certains *fashionables* qu'on croirait presque entendre un *a*. Ce défaut est celui de nos provinces méridionales. Dans le nord, c'est au contraire le son grave qu'on emploie. (Voyez nos observations précédentes sur l'*a*; elles sont également applicables aux voyelles *au*, *eu*, *o*.)

E.

Les personnes du midi donnent à l'*e* et aux voyelles qui le représentent le son fermé, surtout à la fin des mots, comme dans *jamais*, *bienfait*, *paix*, *décès*, *succès*, *je vais*, *je mets*, *je connais*, etc., qu'elles prononcent faussement *jamé*, *bienfé*, *pé*, *décé*, *succé*, *je vé*, *je mé*, *je conné*.

Il n'est pas rare d'entendre ces mêmes personnes faire aussi de tous nos *e* muets des *e* fermés. Par exemple, dans cette phrase : *Je ne peux pas vous le dire*, un Gascon prononcéra : *jé né peux pas vous lé dire.*

Un autre défaut particulier à nos provinces méridionales, c'est de supposer un *e* devant tous les mots qui commencent par une *s* suivie d'une consonne, comme dans *scandale*, *scrupule*, *scorpion*, *spectacle*, *spacieux*, *squelette*, *spadassin*, *statue*, etc., qu'on prononce *escandale*, *escrupule*, *escorpion*, etc.

Du côté du nord, on est plutôt disposé à donner à l'*e* fermé le son ouvert, comme dans *donnez*, *allez*, *venez*, *j'ai donné*, *j'ai renvoyé*, *santé*, *bonté*, *beauté*, etc., qu'on prononce *donnais*, *allais*, *venais*, *j'ais donnais*, *j'ais renvoyais*, *santais*, *bontais*, *beautais.*

On change aussi les sons *ai,ei,* en voyelles nasales, lorsqu'ils se trouvent suivis du *gn* mouillé, comme dans *daigner*, *saigner*, *peigner*, qu'on prononce *daingner*, *saingner*, *peingner*; erreur d'autant plus grande que devant ce même *gn* mouillé l'harmonie de notre langue veut que *ain* et *ein* se changent en *ai* et *ei*. Ainsi, de *craindre, plaindre, feindre, peindre, bain, ceindre*, etc., on forme *je craignais, je craignis, que je craigne, que je craignisse, je plaignais, je feignais*, etc., *je peignais, baigner, baigneur, baignoire, je ceignais*, et non pas *je craingnais, je plaingnais*, etc.; de *sang* on forme aussi *saigner*, et non pas *saingner*, à cause de la dissonance ou de l'antipathie qui existe entre le *gn* mouillé et toute espèce de voyelles nasales.

Les Gascons font des espèces de diphthongues des sons *ai* et *ei*; mais cette prononciation n'a lieu dans notre langue que pour les terminaisons *aie* et *eie* des verbes en *ayer* et en *eyer* et de quelques substantifs. (Voyez pages 17 et 54.)

Quelques grammairiens recommandent de conserver les *e* fermés des infinitifs en *er*, des adjectifs en *ger* et en *ier*, dont l'*r* est ordinairement muette lors de la liaison de cette *r* avec une voyelle suivante, comme dans *aller à Rome, un léger ennui, un premier amour, un entier abandon*, qu'ils veulent qu'on prononce *allé-r-à Rome, un légé-r-ennui, un premié-r-amour, un entié-r-abandon*. Cette prononciation est tout-à-fait fausse et contraire à l'influence de l'*r* articulée sur l'*e* qui précède, cet *e* devant toujours être ouvert. Les personnes qui soutiennent ce principe ne s'aperçoivent pas qu'elles sont en contradiction avec elles-mêmes, car dès qu'on les entend parler, on reconnaît qu'elles suivent la prononciation ordinaire, parce qu'il est presque impossible de faire autrement. On dira donc *allè-r-à Rome*, *un légè-r-ennui*, *un premiè-r-amour*, etc., ou, ce qui revient au même, *allère à Rome*, *un légère ennui*, *un première amour*, etc. Cette prononciation a pour garant l'usage universel et l'autorité des meilleurs grammairiens.

Une autre faute d'intonation que nous ne pouvons nous dispenser de faire remarquer, c'est celle de l'*e* fermé dans *collège*, *privilège*, *cortège*, *sacrilège*, *chantè-je*, *aimè-je*, *ai-je*, et généralement tous les mots où l'*e*, représenté de quelque manière que ce soit, est suivi du son *je* final, ou de *ve*, comme dans *fève*. Cette prononciation, recommandée par d'anciens grammairiens, est entièrement opposée au génie de notre langue ; c'est celle de nos provinces du midi, où l'on n'a jamais eu l'idée d'aller chercher la véritable connaissance des sons. C'est donc à tort que plusieurs orthographistes modernes emploient l'accent aigu sur ces sortes d'*e*, puisque la règle française exige invariablement que tous les *e* appuyés sur une syllabe sourde finale soient ouverts.

Beaucoup de personnes, même à Paris, prononcent *a-iant* pour *ayant* : c'est *ai-iant* qu'il faut dire.

EU.

Un ancien usage permettait de supprimer l'*r* finale des substantifs en *eur*, formant pour la plupart leur féminin en *euse*. Ainsi, de *porteur*, *piqueur*, *blanchisseur*, *crocheteur*, on faisait *porteu*, *piqueu*, *blanchisseu*, *crocheteu*; mais cette prononciation, tout-à-fait surannée, est reléguée maintenant parmi le peuple. C'est donc à tort que quelques personnes s'obstinent à la conserver dans plusieurs mots, tels que *piqueu*, *blanchisseu*, *porteu d'eau*, la suppression de l'*r* finale des mots en *eur* n'ayant lieu aujourd'hui que dans *monsieur*, *messieurs*, que l'on doit prononcer *mo-cieu*, *mé-cieu*, et non pas *mon-cieure*, *mé-cieure*, comme on fait dire encore dans beaucoup d'écoles aux enfans qui apprennent à lire.

Les gens du peuple à Paris veulent ajouter une *r* aux prépositions *au lieu de*, *au lieu que*, qu'ils prononcent *au lieur de*, *au lieur que*, parce qu'ils les confondent mal à propos avec l'adverbe *ailleurs*. Vaugelas, de son temps, reprochait à quelques femmes de la cour cette prononciation vicieuse, ainsi que les mots *fillot*, *filliole*, *tillol*, pour *filleul*, *filleule*, *tilleul*, qui se sont également conservés parmi le peuple.

Les Gascons changent volontiers *eu* en *u* dans les terminaisons *eur* et *eure*. Ainsi, par exemple, ils prononcent *malhur, doulur, coulur, demur,* pour *malheur, douleur, couleur, demeure;* ils disent aussi *hureux, malhureux, Urope, Uphrate, Uridice,* pour *heureux, malheureux, Europe, Euphrate, Euridice.* Il est vrai que d'anciens grammairiens ont autorisé cette prononciation; mais aujourd'hui ce serait une très-grande faute, le changement de *eu* en *u* n'ayant généralement lieu que dans les temps du verbe avoir.

On trouve encore des bonnes gens de la province qui disent *j'ai é u, tu as é u,* etc., pour *j'ai eu, tu as eu.* Cette prononciation doit avoir eu lieu autrefois, même à la cour, si l'on en juge par le bon mot suivant qu'on prête au chevalier de Boufflers. Quelqu'un lui demandait « Vous avez *é u* cette dame dans votre société? Oui,—répondit-il, comme Jupiter *a é u i o* dans la sienne. » Il est probable que la personne qui parlait ainsi à M. de Boufflers n'était pas de la classe du peuple; elle ne faisait sans doute que suivre un ancien usage presque passé de mode.

Il paraît que du temps de Vaugelas cette prononciation commençait déjà à s'introduire, puisqu'il s'en étonne et qu'il la condamne dans plusieurs de ses remarques.

Nous avons vu que les terminaisons *œil* et *ueil* dans *œil, orgueil, accueil, cercueil, recueil,* etc., ont la même valeur que la syllabe *euil* dans *deuil, che-*

oreuil, seuil, etc., et qu'elles en suivent toutes les variations ; il ne faut donc pas dire, comme certains puristes de province, *eil, orgheil, akeil,* etc.

O.

Voyez, pour l'*o* simple, les observations sur l'*a*, l'*au* et l'*eu*, pages 101 et 102.

Domergue fait remarquer qu'il n'est pas rare d'entendre dire à Paris *inquemoder* pour *incommoder.*

C'est une affectation ridicule et tout-à-fait contraire à l'harmonie des sons que de vouloir prononcer *rôti* avec l'accent circonflexe. Cet accent est purement étymologique, et non tonique. C'est par inadvertance qu'on l'a laissé subsister sur ce mot : les bons orthographistes l'ont déjà retranché des dérivés, tels que *rotie, rotir, rotisseur.*

N'est-il pas remarquable que la plupart des gens du monde, qui, par mode, adoucissent aujourd'hui presque toutes nos voyelles-là où elles doivent être graves, veulent, au contraire, augmenter l'*o* dans *rôti, rotie,* etc., précisément parce qu'il doit être doux ? (Voyez l'influence de l'*i* sur quelques-unes de nos voyelles, page 61.)

OI, OY.

On doit se rappeler que l'*y* précédé et suivi d'une voyelle équivaut généralement à deux *i*. Il ne faut donc pas dire *néto-yer, plo-yer, impito-yable, cito-yen*, *mo-yen*, pour *nettoyer*, *ployer*, etc. Cette prononciation est celle de beaucoup de personnes de province qui ajoutent aussi les mots en *oigne*, tels que *soigner*, *éloigner*, *témoigner*, etc., qu'elles prononcent *sogner*, *éloguer*, *témogner* ; l'altération de *oi* et de *oy* n'est permise que dans *oignon*, *oigno-net*, *encoignure*, *cloyère*, *poignée*, *poignet*, *empoigner*, *poignard*, *poignarder*, *moignon*, *poitrine*, *poitrail*, *savoyard*, et les dérivés.

Tutayer pour *tutoyer* n'est pas bon ; c'est *tu-toi-ier* qu'il faut dire, cela est plus conforme à la dérivation du *tu et toi*.

Dans la meilleure compagnie on disait autrefois *adrait*, *fraid*, *trais*, *je crais*, *tu crais*, *il crait*, pour *adroit*, *froid*, *trois*, *je crois*, *tu crois*, *il croit*. Cette prononciation est tout-à-fait hors d'usage.

On rapporte que Fontenelle, interrogé sur la manière dont il fallait prononcer *je crois*, répondit : « Je *crès* qu'il faut prononcer je *croa*; » ce qui prouve que de son temps on admettait déjà la diphthongue *oi*, ou plutôt qu'on commençait à la rétablir dans le verbe *je crois*.

Fausse prononciation des voyelles nasales.

Dans le midi on fait une différence entre *an* et *en* dans les circonstances où la nasalité est la même. On donne à *an* la valeur d'une diphthongue et à *en* le son de *in*. Ainsi, par exemple, on prononce *nanan, maman, pendant, vraiment, prudent, innocent, joliment, je m'en va,* comme *nanaän, mamaan, pindaant, vraimint, prudint, innocint, jolimint, je m'in va.*

Quelquefois on change l'*a* et l'*e* naturels en voyelles nasales, surtout lorsqu'il y a deux *n* ou deux *m* de suite, comme dans *bannir, Jeanne, confidemment, constamment, grammaire, condamnation, hennir, solennel,* etc., qu'on prononce *ban-nir, Janne, confidan-ment, constan-ment, gran-maire, condan-nation, han-nir, solan-nel.*

Par analogie avec *an,* on donne aussi à la voyelle nasale *on* la forme d'une diphthongue, surtout à la fin des mots, comme dans *bâton, don, abandon,* etc., qu'on prononce presque *bâtoon, doon, abandoon.* Ces fausses inflexions des voyelles nasales contribuent beaucoup à la rudesse du langage de nos provinces méridionales.

Quelques grammairiens recommandent d'ôter la nasalité des adverbes *bien* et *rien,* en cas de liaison avec une voyelle suivante, comme dans *il est bien aimable, je n'ai plus rien à dire,* qu'ils veulent qu'on prononce *biè-n-aimable, riè-n-à dire;* mais cette prononciation est toute méridionale. Les Gascons et les Provençaux ne manquent jamais de s'en servir, même lorsque *bien* et *rien* sont suivis d'une consonne, excepté qu'ils font un *e* presque fermé au lieu d'un *e* ouvert.

Quant aux mots *a-n-arrière, a-n-hiver,* pour *en*

arrière, en hiver, nous demanderons aux mêmes grammairiens par quelle bizarrerie, après avoir ôté la nasalité à l'*e*, ils prétendent lui donner le son de l'*a*, puisque la voyelle séparée de l'*n* reprend ordinairement son intonation naturelle? (Voyez nos observations sur la nasalité et la non nasalité des mots, en cas de liaison avec une voyelle suivante.)

Les personnes qui se piquent de savoir l'anglais disent *Ansone, Adissone, Baïrone, Miltone, Newtone*, etc., pour *Anson, Byron, Milton, Newton;* mais la terminaison *on* est tellement française qu'il ne semble pas permis de l'altérer; il y a donc une affectation ridicule à prononcer ces différents noms à l'anglaise. Que l'on dise *Baïrone, Miltone,* etc., en parlant à des Anglais, rien de mieux; mais qu'on ménage les oreilles des compatriotes, surtout de ceux qui ne comprennent pas un mot d'anglais. « Il n'appartient qu'à l'usage, dit Wailly, de nous familiariser avec une prononciation étrangère, au point qu'elle ne choque plus dans la bouche d'un Français. »

Telles sont les principales fautes d'intonation que nous avons remarquées dans le langage des différentes classes de la société, soit à Paris, soit ailleurs, et que nous avons cru devoir signaler à l'attention des maîtres, parce que c'est dans l'analyse des sons, c'est dans l'habileté à saisir leurs diverses nuances, que consiste principalement l'art d'enseigner à parler une langue. Beaucoup de personnes qui sont blessées d'une mauvaise prononciation ne sauraient dire souvent par où elle pèche : les mettre sur la voie, c'est donc leur donner les moyens de se corriger ou de corriger les autres. Il est aussi très-important de se convaincre qu'en dénaturant les sons on parle faux, comme on chante faux en donnant aux notes de musique une valeur qui ne leur appartient pas.

En considérant la prononciation qui s'est introduite de nos jours dans le langage parisien, jusqu'ici le meilleur de tous, on reconnaît qu'un appauvrissement de sons fait chaque jour des progrès rapides, chose désespérante pour une oreille non moins sensible à l'harmonie d'un discours qu'à celle d'une partition de *Rossini* ou de *Meyer-Beer*. D'après un relevé exact, nous avons trouvé que, depuis une quinzaine d'années, on a voulu faire perdre à la langue française, sans doute pour la mettre au niveau des langues les moins harmonieuses de l'Europe, quatre de nos voyelles, savoir : les inflexions graves de *a, au, eu, o,* en tout trois sons, si l'on considère comme identiques *au* et *o*, perte prodigieuse néanmoins pour une langue. Que dirait-on d'un musicien barbare qui, croyant faire merveille, voudrait supprimer trois notes de la musique, tandis que la marche progressive de cet art a été d'augmenter les sons, et non de les diminuer ?

SECONDE PARTIE.

DES CONSONNES.

Avant de commencer cette seconde analyse, nous ne croyons pas inutile de faire observer que l'articulation franche et nette de toute espèce de consonnes, même de celles qui semblent les plus rudes et les plus opposées à la délicatesse d'une jolie bouche, est une beauté de langage qui flatte singulièrement les gens d'esprit, parce qu'elle annonce des organes souples, déliés, et toute la perfection que la nature a bien voulu y apporter ; au lieu qu'ils sourient de pitié à la vue de ces petites affectations, de ces altérations de mots, qui font perdre au langage toute sa noblesse et son harmonie. Il n'y a qu'une intelligence bornée qui puisse se faire un mérite d'un défaut de langue.

Rappelons encore une fois l'exemple de Démosthène, de cet orateur admirable qu'on a vu lutter avec tant de courage et de succès contre les obstacles de la nature même : il gravissait, disent les historiens, les rochers de l'Attique, la bouche remplie de petits cailloux, et déclamait ainsi des heures entières, forçant chez lui les organes de

la parole à s'assouplir et à devenir les instruments
de sa volonté. D'autres fois il se rendait au bord
de la mer, et là, malgré le bruit des vents et des
flots, il prononçait de longs discours, pour accoutumer, disait-il, sa voix à surmonter le bruit, encore plus tumultueux, des assemblées d'Athènes.
Ces efforts étonnants, de la part d'un aussi grand
génie, ne sont-ils pas un démenti formel donné
à toute espèce de langage vicieux ou affecté?

Des consonnes initiales et médiales.

B.

Le *b*, articulation adoucie du *p*, se forme par une
légère pression des lèvres; pour peu que cette
pression devienne trop forte, on fait entendre
malgré soi un *p*. Ce défaut est celui de la plupart
des enfants qui commencent à lire. C'est donc sur
l'articulation molle du *b*, et en général sur toutes
les articulations adoucies, qu'il faut les exercer de
préférence, comme étant les plus difficiles à prononcer. Les Suisses et les Allemands ont aussi
beaucoup de peine à articuler notre *b* qu'ils confondent presque toujours avec le *p*.

Le *b* se fait sentir soit au commencement, soit
au milieu des mots; et, lorsqu'il est suivi de l'une
des trois articulations *c*, *s*, *t*, il prend la prononciation du *p*: *absence, abstinence, obstacle, ob-*

server, subsister, abcès, obtenir ; lisez apsence, apsti-nence, etc. (1).

Dangeau, Dumarsais et l'abbé Sicard recon-naissent tous trois cette règle, dont le fondement est la nécessité ; car, quelque bonne volonté qu'on ait de prononcer un *b*, on se voit forcé de faire entendre un *p*, ou d'adoucir l'articulation sui-vante.

---

(1) On nous avait engagée à supprimer ce passage ; nous avons pensé ne devoir pas le faire ; il nous a semblé qu'il y aurait in-différence blâmable de notre part à annuler, contre notre pro-pre conviction, une règle que trois de nos meilleurs grammai-riens avaient reconnue avant nous.

Nous ferons remarquer qu'on se laisse aisément tromper par l'orthographe. Ainsi, par exemple, dans *abcès, absence,* etc., on croit faire entendre un *b*, tandis qu'en réalité on prononce un *p*. Ceux-là mêmes qui contestent la règle ne prononcent pas autrement que les autres, tant la difficulté ou l'antipathie est grande entre les deux consonnes. Pour obtenir un *b*, il faudrait séparer le mot et s'arrêter sur la première syllabe, ou ajouter un *e* demi-muet, ce qui donnerait *abe-cès, abe-cence, obe-stacle,* etc., prononciation bien autrement ridicule que le changement du *b* en *p*. Il y a une règle générale en français, c'est qu'une con-sonne forte ne se lie pas heureusement avec une consonne douce placée immédiatement avant ou après. Ce n'est point mollesse, comme on pourrait le croire, c'est harmonie de langage, har-monie qui se retrouve dans le mot *pescr,* qu'on prononce avec l'*e* demi-muet pour faciliter le passage de la consonne forte *p* à la consonne douce *s,* sonnant comme *z ;* mais du moins l'*e*

Dans quelques provinces du midi, où l'on ignore sans doute cette règle d'euphonie, ne pouvant faire accorder les deux articulations, on supprime entièrement le *b*, et l'on prononce *assence, ostacle,* etc., prononciation tout-à-fait fausse et ridicule.

---

existe réellement dans *peser* et dans beaucoup d'autres de la même nature, au lieu qu'il faut l'imaginer dans *abcès, absence,* etc., ce qui est tout-à-fait contraire aux lois de notre prononciation.

Dans les classes les plus nombreuses de la société on prononce *subzister* pour *subsister,* nouvelle preuve de la nécessité pour les organes français d'adoucir l'une des deux consonnes. Reste à savoir si *subzister* est préférable à *supsister;* toujours est-il que le principe de l'accord des consonnes se trouve résolu par l'assentiment universel du peuple. Cet accord a également lieu da beaucoup d'autres mots, tels que *Alsace, balsamum, balsamique, czar, czarine, sbire, svelte,* etc., que nous prononçons to *Alzace, balzamome, balzamique, gzar, gzarine, zbire, zvelte.*

Nous ne terminerons pas cette note sans ajouter que, quant à ce qui a excité, dans notre ouvrage, une désapprobation générale, nous nous sommes empressée d'en débarrasser le texte, sauf à revenir plus tard sur quelques-unes de nos suppressions, si le cas échéait.

Ce ne serait pas la première fois que les grammairiens se seraient vus dans la nécessité d'admettre ce qu'ils auraient condamné d'abord. Cette nécessité, loin d'être une déviation, est presque toujours le rétablissement du principe national, principe que nous avons dû suivre avant tout.

C.

Le *c* prend deux articulations, l'une forte ou gutturale, qui est celle du *k* ou de *que;* l'autre douce ou palatale, qui est celle de *se.*

L'articulation forte ou gutturale a lieu : 1º devant *a* , *o* , *u* : *cacao, côteau, curieux.*

2º Devant une consonne : *clair, crainte, actuel, accident, accès, spectacle, spectre, Picpus, Cnéius.*

3º A la fin des mots , comme dans *bac , sac,* etc. (1).

Le *c* prend l'articulation adoucie de *gue* dans *second, seconde, seconder, secondement, czar, czarine, czarowitz, cicogne, éclogue.* Ces deux derniers mots s'écrivent aujourd'hui comme ils se prononcent.

On écrivait autrefois : *négromant, négromancien, négromancie :* ces mots ont repris leur véritable orthographe ; on prononce et l'on écrit maintenant : *nécromant, nécromancien,* etc.

D'anciens grammairiens autorisent *segret, segrétaire, Glaude, Glaudine,* pour *secret, secrétaire, Claude, Claudine;* nos grammairiens modernes recommandent de conserver à ces différents mots l'articulation forte de *que.* Cette articulation est

____

(1) Voir, plus bas, ce qui concerne le *c* final.

surtout nécessaire pour *secret*, *secrétaire;* mais *prune de reine claude*, se dit encore *prune de reine glaude.*

Quelques personnes de province prononcent *gravate, gabinet, ganif,* pour *cravate, cabinet, canif.* Cette prononciation, qui paraît avoir eu lieu anciennement, est tout-à-fait hors d'usage aujourd'hui.

Du C doux.

Le *c* s'adoucit et prend l'articulation de *se* devant *e, i, y : cécité, Cicéron, Cyprien.* Il en est de même avant *a, o, u,* lorsqu'on place sous le *c* un petit signe appelé cédille : *façon, garçon, je reçus, je commençai,* etc.

Le *c* prend l'articulation de *che* dans *vermicelle,* qu'on prononce *vermichelle,* à cause de son origine italienne.

CH.

Le *ch* français est l'articulation forte du *j,* c'est-à-dire qu'on emploie le même mécanisme pour l'émission de ces deux consonnes, excepté qu'on double la pression lorsqu'il s'agit de faire entendre un *ch;* il ne faut donc pas dire, à l'exemple de quelques personnes de province, *jeveu, jeval,* etc., pour *cheveu, cheval,* ni *ajeter* pour *acheter,* comme prononcent la plupart des gens du peuple, et comme prononçaient, du temps de Vaugelas, les orateurs mêmes, à qui il reprochait ce défaut, qu'il croyait être particulier à Paris.

Le *ch* perd sa prononciation ordinaire, et prend l'articulation du *c* guttural ou du *k* : 1° lorsqu'il est suivi d'une consonne ou placé à la fin des mots : *chrétien, chrysalide, chronologie, chlamyde, poly-technique, varech,* etc., et pour les noms propres, *Christ, Arachnée, Achmet, Cochran, Anspach, Laybach, Dordrecht, Utrecht, Maëstricht, Munich, Zurich, Metternich, Saint-Roch;* lisez *krétien,* etc.

Mais *punch, kirsch-wasser, Reichstadt,* conservent la prononciation française.

Drachme se prononce et peut s'écrire *dragme.*

2° La syllabe *chor,* quelque place qu'elle occupe dans les mots, se prononce *kor : choriste, chorus, monochorde, anachorète,* etc. ; lisez *koriste,* etc.

3° *Chir* seulement initial suit la prononciation de *chor : chiromancie, chirographie, chirite,* etc.; lisez *kiromancie,* etc., excepté *Chiron, chirurgie,* et les mots qui leur appartiennent.

4° La terminaison *chus* suit aussi la prononciation de *chor : Antiochus, Gracchus, Inachus, Ochus, Orchus, Bacchus,* et ses dérivés, tels que *bacchante, bacchanale,* etc.; excepté *bachique,* qui s'écrit avec un seul *c.*

Ajoutez au *ch* guttural les mots isolés *chœur, orchestre, eucharistie, archange, choléra-morbus, chaos*, *écho*, et quelques autres moins connus que l'on trouvera à la fin de l'ouvrage.

On écrivait autrefois *Charybde*, *paschal*, *patriarchat*, *patriarchal*; ces mots ont pris une orthographe plus conforme à leur prononciation : on écrit aujourd'hui *Carybde*, *pascal*, etc.

Depuis long-temps *Ézéchias*, *Zachée*, *les Achéens*, *Achille*, *Archimède*, *tachygraphie*, *Machiavel*, *machiavélique*, ont pris rang avec le *ch* français, de même que *archevêque*, *archevêché*, *archidiacre*, *archiprêtre*, *patriarche*, *stomachique*, *chérubin*, *Joachim*, *Michel*, *Achéron* (1).

D.

Le *d*, de même nature que le *t*, ne s'en distingue que par une pression beaucoup plus douce ; il se fait toujours sentir, soit au commencement, soit au milieu des mots.

F.

L'*f*, articulation forte de *v*, a pour identique *ph*. Cette consonne se fait toujours sentir, soit au commencement, soit au milieu des mots.

G.

Le *g* prend deux articulations, l'une forte ou

---

(1) « L'opéra, dit Girault-Duvivier, tient encore pour Akéron. »

gutturale, qui est l'articulation adoucie du *k*; l'autre, douce ou palatale, qui est l'articulation adoucie de *ch*. Le *g* doux a pour identique *j*.

Le *g* est fort ou guttural : 1° lorsqu'il est placé devant l'une des trois voyelles *a*, *o*, *u*: *Gallois*, *gosier*, *gouffre*, *gonfler*, *longue*, *Raguse*, *envergure*, etc.

2° Lorsqu'il est suivi d'une consonne autre que l'*n* : *augmenter*, *grandir*, *grossier*, *glaner*, *dogme*, *stigmate*, *Agde*, *Magdebourg*, *bourgmestre*.

3° Le *g*, lorsqu'il se fait sentir à la fin des mots, prend aussi l'articulation gutturale. (Voyez plus bas ce qui concerne cette consonne finale.)

Le *g* médial est muet dans *doigt*, *doigtier*, *doigté*, *vingt*, *vingtaine*, *vingtième*, *Magdelonnettes* (1), *sangsue*, qu'on écrivait autrefois *sang-sue*.

Quelques personnes disent *clapir*, *clapissant*, *voix clapissante*, pour *glapir*, *glapissant*, *voix glapissante*; d'autres prononcent *enverjure* pour *envergure*. Dans ces quatre exemples il faut conserver au *g* son articulation gutturale.

« Les médecins, dit Domergue, prononcent *gangrène*, *gangrener*; l'Académie *cangrène*, *cangréner*. »

Du G doux.

Le *g* s'adoucit et prend l'articulation de *je* de-

---

(1) Diminutif de *Madelon* ou de *Madeleine*, qui s'écrivait autrefois *Magdeleine*.

vant l'une des trois voyelles *e*, *i*, *y* : *généreux*, *gentil*, *gilet*, *nous rangeons*, *je rangeais*, *gypse*, *gymnosophistes*, *gynécée*, *Egypte*; lisez *jénéreux*, *jentil*, etc.; mais *Gesner*, *Bergen*, se prononcent *Ghesner*, *Berghène*.

L'usage a prévalu sur la véritable prononciation du mot *frangipane*, qui se dit communément *franchipane* (1).

GN.

Le *g* suivi de l'*n* forme une articulation où l'on reconnaît, pour peu qu'on y fasse attention, le mélange adouci du *g* guttural et de l'*n*, auquel se joint le son d'un *i* faible, comme dans *accompagner*, *vous accompagnez*, *j'accompagnai*, *tu accompagnas*, *compagnon*, *champignon*, *oignon*, *agneau*, qu'on prononce presque comme s'il y avait un *i* après *gn*; c'est ce qui a fait donner le nom de mouillé à cette articulation. Il faut prendre garde néanmoins que l'*i* sous-entendu des syllabes *gné*, *gnon*, *gna*, etc., ne soit pas trop sonore, de peur qu'on ne le confonde avec celui des véritables

---

(1) Un auteur prétend que Frangipani, seigneur romain, de l'ancienne maison des Frangipani, fut l'inventeur du parfum qui porte son nom. Ce mot ne dériverait-il pas plutôt de *frangipanier*, arbre odoriférant et laiteux; à moins que ce ne soit une contraction de deux mots italiens qui peuvent se traduire en français: *Pain* ou *pâte odoriférante*.

diphthongues *gnion*, *gnié*, qui ont lieu seulement aux deux premières personnes du pluriel de l'imparfait de l'indicatif et du présent du subjonctif des verbes en *gner*, comme dans : *nous accompagnions, vous accompagnïez*, que *nous accompagnïons, que vous accompagnïez*; ici l'*i* a la même valeur que les deux *i* qui se rencontrent aux deux mêmes personnes et aux deux mêmes temps des verbes en *ayer*, en *eyer* et en *oyer*. (Voyez l'*i*, page 63.) Partout ailleurs *gna, gné, gnan, gnon*, etc., s'écrivent sans *i*.

Incognito prend aussi le *gn* mouillé ; c'est donc à tort que beaucoup de personnes prononcent *incoghnito*.

Au commencement des mots *gn* ne se mouille jamais, comme dans *gnome, gnomon*, etc.

Agnus, ignée, imprégnation (mais non *imprégner*), *inexpugnable, magnificat, stagnant, stagnation* (1), *Progné, Gnide*, se prononcent aussi *aghnuce, ighnée, impréghnation*, etc.

Il y a beaucoup de personnes qui suppriment le *g* dans un grand nombre de mots où il s'incor-

---

(1) Domergue fait observer que *stagnant, stagnation* se prononcent à Lyon avec le *gn* à la française, à cause de l'emploi fréquent de ces deux mots. C'est ainsi qu'à Paris *magnésie, magnétisme*, qui se prononçaient autrefois *maghnésie, maghnétisme*, font entendre depuis long-temps le *gn* mouillé.

pore avec l'*n*, comme dans *assignation*, *magni-fique*, *magnificence*, *compagnie*, *signer*, etc., qu'elles prononcent *assination*, *manifique*, *manificence*, *companie*, *siner*; mais l'Académie et les bons auteurs n'autorisent la suppression du *g* que dans *Clugny*, *Regnaud*, *Regnard*, *signet*, qu'on prononce *Cluny*, *Renaud*, *Renard*, *sinet*; partout ailleurs *ne* pour *gne* serait une très-grande faute (1).

Les gens du peuple à Paris, comme le fait observer Domergue, ajoutent au contraire un *g* aux mots *manier*, *manière*, *maniéré*, et disent *magnié*, *magnière*, *magniéré*. Cette prononciation n'est pas moins ridicule que la précédente.

H.

L'*h* est muette ou aspirée : muette, elle n'ajoute rien à la prononciation de la voyelle suivante ; aspirée, elle exige un léger effort de poitrine, ce qui lui donne une sorte de ressemblance avec un soupir à demi étouffé, outre qu'elle interdit toute espèce de liaison et d'élision.

Vaugelas, qui a fait tant de recherches et de remarques ingénieuses sur la langue, établit pour règles : 1° que les mots qui commencent par une *h*

---

(1). Cependant il y a encore *Compiègne* que l'on prononce généralement *Compiène*.

en latin et en français ne sont jamais aspirés, excepté *héros, harpie, hennir, haleter, hergne* (1), *hareng*. Nous ajouterons *hem!* interjection, *harpon, hérisson, hiérarchie*, ainsi que leurs dérivés, et si l'on veut aussi *hallebarde*, quoique ce mot, fort douteusement dérivé de *hasta*, nous paraisse bien plutôt un mot composé celtique.

2° Les mots qui ont une *h* en français, et qui n'en ont point en latin, s'aspirent toujours, dit Vaugelas.

3° La même aspiration a lieu pour les mots qui, commençant par une *h*, sont entièrement étrangers à la langue latine.

Telles sont les trois règles établies par Vaugelas et approuvées par Restaut ; cependant plusieurs grammairiens modernes en contestent l'exactitude ; cela vient sans doute de ce qu'ils ne les ont pas lues avec assez d'attention (2). Au reste, comme

---

(1) Aujourd'hui *hernie*, qui s'aspire également.

(2) Surtout s'ils ont pensé qu'il fallait comprendre dans ces trois règles les mots latins inventés depuis la chute de l'ancienne Rome, tels que les noms de géographie à dater de la découverte du Nouveau-Monde, néologisme assez bizarre auquel Vaugelas et Restaut n'avaient probablement pas songé lorsque l'un fit ses recherches et que l'autre s'occupa à les vérifier.

Nous n'avons pas remarqué que Vaugelas ait fait mention du grec, il n'a parlé que du latin ; ainsi les mots grecs qu'on

elles ne peuvent servir qu'aux personnes qui savent le latin, nous allons tâcher de donner un moyen plus simple de reconnaître l'*h* aspirée.

Ha s'aspire, quelque intonation que prenne la voyelle *a*, comme dans le *hameau*, *la haine*, *la hauteur*, excepté les mots qui commencent par *habi*, tels que *habile*, *habiller*, *habit*, *habiter*, *habitude*, etc., et aussi *habeas-corpus*, *haleine*, *hameçon*, *harpège*, *harpègement* (mieux *arpège*, *arpègement*), *harmonie*, *harmonica*, *hamadryade*. Quelques grammairiens exceptent encore *hanséatique*, qu'on écrivait autrefois assez indifféremment avec ou sans *h*. Les composés *exhausser*, *exhaussement*, perdent aussi l'aspiration, quoique formés de *haut*.

Hon nasal et *hou* s'aspirent toujours, excepté *hongreline*, ancien habillement de femme que l'on connaît à peine de nom aujourd'hui.

Les autres mots isolés où l'*h* s'aspire sont, pour *he*: *hé! hem!* deux interjections, *heaume*, *héler*, *hennir*, *hennissement*, *héraut*, *hère*, *hernie*, *hérisser*, *hérisson*, *héron*, *herse*, *hêtre*, *heurt*, *heurter*, *héros* (1), mais non ses dérivés.

---

oppose aux trois règles qu'il a établies ne prouvent rien. Il est vrai qu'il parle ailleurs de l'orthographe de quelques mots français à *h* initiale dérivés du grec; mais, loin de détruire ce qu'il a avancé précédemment, il le confirme de nouveau (*voir* page 74 de ses Remarques).

(1) Vaugelas écrit, au mot *héros* : « Il faudrait dire *l'héros*, et

2° Pour *hi* : *hibou*, *hic*, *hideux*, *hiérarchie*, *hie*, *hisser*.

3° Pour *ho* non nasal : *hoche*, *hocher*, *hochet*, *holà*, *homar*, *honnir*, *hoquet*, *horde*, *hors*, *hotte*.

4° Pour *hoy* : *hoyau*. Ce mot est le seul où la syllabe *hoy* initiale se rencontre.

5° Pour *hu* : *huche*, *hucher*, *huée*, *hugnenot*, *huit*, *hune*, *huppe*, *hure*, *hurler*, *hussard*, *hutte*.

Hoi et *hy* ne s'aspirent jamais : c'est donc à tort que beaucoup de personnes aspirent *hyacinthe* et *hyène*. On écrit aussi *hiène*.

Chaque dérivé suit la prononciation du mot primitif, sauf les exceptions que nous avons indiquées.

Parmi les noms propres où l'*h* est aspirée, les

---

non pas *le héros*, parce qu'il vient du latin, qui s'écrit par une *h*, et il n'importe pas que les Latins l'aient pris des Grecs ; il suffit que les Latins le disent ainsi, aussi bien qu'*hora*, qui est grec et latin tout ensemble. *Héros* s'est prononcé avec aspiration dès le commencement, parce qu'il y a une grande analogie avec *héraut*, qui est un mot de tout temps fort usité ; on a pris aisément l'un pour l'autre : ce qui confirme cette conjecture c'est que *héroïne* et *héroïque* se prononcent d'une manière toute contraire. » Ce passage confirme, comme on voit, ce que nous venons de dire, que Vaugelas n'a jamais prétendu parler du grec. Comment supposer d'ailleurs qu'un écrivain aussi habile eût pu faire la faute qu'on lui reproche, et que Restaut ne s'en fût pas aperçu ?

plus importants à connaître sont : *le Hainaut, le Hâvre, la Havane, le Hanovre, la Hesse, la Hongrie, la Hollande, Hambourg* (beaucoup de personnes prononcent ce mot sans aspiration), *la Haye, la Hogue, le Holstein.*

Les noms qui dérivent des précédents suivent la même prononciation. Tels sont *hessois, hongrois, hollandais,* etc., mais non *hambourgeois, hanovrien.*

On disait autrefois : *du point de la reine d'Hongrie, de l'eau de la reine d'Hongrie;* quelques personnes disent encore *de la toile d'Hollande, du fromage d'Hollande;* mais il y a tout lieu de croire que c'est une corruption qui s'est glissée peu à peu dans le langage. « Cet usage, dit M. Charles Nodier, est celui des blanchisseuses et de l'office; il ne devrait pas faire loi au salon. »

La Henriade se prononce toujours avec l'*h* aspirée. Dans le discours soutenu, *Henri* prend aussi l'aspiration, mais non *Henriette.*

Nous ne terminerons pas cet article sans placer ici une observation de Domergue, que nous ne croyons pas inutile au lecteur. « Nous avons, dit-il, deux sortes d'aspirations, l'une forte, qui s'exécute sans élision et avec effort, et empreint les mots destinés à peindre un sentiment énergique : *je hais, je suis harcelé;* à marquer le mépris : *couvert de haillons, c'est un houzard;* à offrir une image : *le hennissement des chevaux*, *il est tout haletant*.

« L'autre aspiration est douce, elle s'exécute sans élision, sans effort, et convient aux mots que ne caractérise pas ou l'énergie, ou le mépris, ou l'onomatopée ; aux mots que le sentiment ne fait pas sortir de la ligne des mots ordinaires. Vous direz sans élision, sans liaison et sans effort : *la hiérarchie des pouvoirs*, *le huit de pique*, *les houris de Mahomet*. »

La lettre *h* sert à former les deux consonnes composées *ch* et *ph*; *ch* est l'articulation forte de *je*; *ph* a pour identique *f*.

Mais l'*h* est nulle, quant à la prononciation, dans *rh* et *th*; ainsi, lisez *rhéteur, Rhin, Rhône, Théodore, Théophile, thé, thériaque*, comme s'il y avait *réteur, Rin, Rône, Téodore*, etc.

De l'aspiration de quelques voyelles sans le secours de l'H.

Les noms de nombre, *un, onze, onzième*, la particule *oui*, le verbe *ouïr*, se prononcent sans liaison, ni élision ; ainsi, lisez *le un, le onze, le onzième, nous n'en avons plus que onze, qu'avez-vous fait du onzième ? le oui et le non, nous avons / ouï dire*.

Quelques grammairiens pensent que *onze*, précédé des particules *de* et *que*, perd son aspiration ; comme dans *ils n'étaient qu'onze ; il apprit la dé-*

faite d'onze légions; ces deux exceptions ne sont pas généralement reconnues, cependant on ne peut pas dire qu'elles blessent positivement l'oreille. On dit aussi : *entr'onze heures et midi.*

Selon les mêmes grammairiens, *le onzième* et *l'onzième* se disent bien tous deux ; mais l'usage semble admettre de préférence *le onzième.*

Dans la conversation on prononce : *je dis qu'oui, il dit qu'oui,* etc.

Wailly met au nombre des voyelles aspirées les interjections *ah! eh! oh!* Cette aspiration nous semble toute naturelle, quoique la plupart des grammairiens n'en fassent pas mention.

J.

Le *j,* articulation adoucie de *ch,* a pour identique le *g* doux, consonne palatale.

Les Suisses et les Allemands confondent presque toujours *je* avec *che*; ainsi, par exemple, ils prononcent *chanfier, cheune, che, choue, Chan, Châne, chaloux,* etc., pour *janvier, jeune, je, joue, Jean, Jeanne, jaloux.*

Dans les verbes *jeter, rejeter, déjeter,* et aussi *vergeter,* il est nécessaire de donner à l'*e* muet une durée suffisante pour faciliter le passage d'une articulation à l'autre, sans quoi l'on serait forcé de prononcer *ch'ter, rech'ter,* etc., tant *j* est antipathique avec *t.* Cette articulation de *ch* pour *j* a prévalu quant à l'infinitif *déjeter*, qu'on prononce généralement *déch'ter*.

K.

« Le *k* étant étranger pour les français, dit un ancien auteur, on l'a relégué dans les villes et seigneuries du nord, et l'on a bien fait. »

Cependant nous le voyons figurer aujourd'hui dans notre alphabet, où il prend rang après le *j*, mais il ne s'emploie que dans un très-petit nombre de mots ordinaires venus des langues du nord ou de l'orient : tels sont *kermès, kilo, kilomètre, kilogramme, kirie, kirielle, kirsch-wasser, kreutzer, kiosque, kan, knout,* etc.

Parmi les noms propres français ou naturalisés français ou distingue *Le Kain, Kléber, Kellermann.* La Bretagne est la province de France qui fournit le plus de noms propres en ce genre.

La prononciation du *k* ne varie jamais; c'est celle du *c* guttural ou de *que*.

L.

Il y a trois sortes d'*l* : l'*l* simple, l'*l* redoublée, et l'*l* mouillée.

L'*l* simple est celle qui ne fait entendre qu'une seule articulation, qu'elle soit simple en effet comme dans *fil, Nil, mil*, adjectif numéral, *subtil, il, ils,* pronoms, *file, habile, crocodile, scandale, bal*, *bel*, *nouvel*, *fidèle*, *salon*, etc ; ou double, comme dans *balle*, *dalle*, *stalle*, *salle*, *galle*, *intervalle*, *collège*, *allège*, *colline*, *ville*, *tranquille*, *tranquillité*, *imbécille*, *vallée*, *vallon*, *ébullition*, *molle*, *mollesse*, *sibylle*, *allumer*, *cristalliser*.

L'*l* simple s'emploie plus fréquemment que les deux autres, et n'a point de règle qui lui soit propre.

L'*l* redoublée ne diffère de la précédente qu'en ce qu'elle fait entendre deux articulations à la fois, comme dans *constellation*, *appellation*, *illustre*. Nous parlerons de cette *l* au redoublement des consonnes.

Observations sur la prononciation de l'L mouillée.

La prononciation de l'*l* mouillée est particulière à la langue française, comme *gli* à la langue italienne, et *lh* à la langue portugaise.

Il y a deux manières de prononcer l'*l* mouillée : l'une propre au discours soutenu, l'autre à la conversation. Le mouillé, dans le discours soutenu, consiste à faire entendre un *i* après l'*l*, indépendamment de celui qui existe réellement devant cette consonne, et sans lequel il ne peut y avoir de mouillé ; ainsi, lisez *billard*, *billet*, *billot*, *babiller*, *piller*, *fillette*, *tilleul*, etc., comme s'il y avait :

biliard, *biliet*, *biliot*, *babilier*, *pilier*, *filiette*, *ti-lieul* (1).

Dans les mots. ou l'*i* est précédé d'une voyelle, comme la syllabe se trouve suffisamment pourvue, cet *i* ne sonne plus qu'après l'*l* et seulement pour la mouiller : tels sont *ailleurs*, *meilleur*, *tailleur*, *feuille*, *feuillage*, *treillage*, *mouillage*, etc., qu'il faut lire *alïeurs*, *mélieur*, *tâlieur*, etc.

Cette prononciation est tellement identique que les enfants qui commencent à écrire s'y trompent presque toujours ; c'est-à-dire qu'ils écrivent tantôt d'une manière, tantôt de l'autre, parce que

---

(1) La plupart des grammairiens vous diront : c'est mal prononcer l'*l* mouillée que de dire *biliard*, *biliet*, etc., ou *bi-ard*, *bi-iet*, pour *billard*, *billet*, etc.; mais alors qu'ils nous disent au juste la prononciation qu'il faut employer. Au reste, notre *l* mouillée, qui n'est le plus souvent que le *gli* des Italiens, a dû en prendre la prononciation. Ainsi, par exemple, on écrit en français, *billet*, *billard*, *billon*, *médaillon*, *médaille*, *piller*, *til* ou *tilleul*, *bille*, *fille*, *coquille*, *cannetille*, *cochenille*, etc. En ajustant ces mots à l'italienne, et en changeant la terminaison française, on aura *biglietto*, *bigliardo*, *biglione*, *médaglione*, *médaglia*, *pigliare*, *tiglio*, *biglia*, *figlio*, *figliuola*, *cochiglia*, *cannutiglia*, *cocciniglia*. De ces derniers, si l'on supprime le *g*, qui de fait n'a aucune valeur en italien, on trouvera que notre orthographe représentative de l'*l* mouillée s'accorde parfaitement avec l'étymologie italienne, du moins dans le discours soutenu.

leur oreille ne saurait faire de distinction entre *ailleurs* et *alieurs*, entre *meilleur* et *mélieur*, etc. Les maîtres qui ont le mieux ens*igné la langue française aux étrangers n'ont mais songé à donner une autre explication de *l* mouillée que celle que nous donnons nous-même ; il ne faut donc pas vouloir établir de différence entre *souiller* et *soulier*, *rouiller* et *roulier*, *piller* et *pilier* ce serait se créer des difficultés imaginaires.

Le mouillé dans le ton ordinaire de la conversation consiste à supprimer entièrement l'*l*, sans que cette suppression ait rien de ridicule ou de trivial, comme voudraient nous le faire croire nos habitants du midi (1). Loin de là, si l'on faisait sentir intégralement toutes les *l* mouillées, même dans le discours soutenu, lorsqu'elles se rencontrent à des intervalles trop rapprochés les uns des autres, surtout à la fin des mots, on ne se doute guère du langage semi-barbare ou tudesque que cette prononciation produirait. Il y a même des mots qui rejettent entièrement l'*l*, comme *poulailler* qu'on ne peut prononcer autrement que *poulâ-ier*, et non *poulâ-lier*, à cause de la trivialité pour ainsi dire du mot et de l'antipathie qui existe entre l'*l* ordi-

---

(1) L'Italien retranche *g* de *gli*, qu'y a-t-il d'étonnant que dans le ton ordinaire de la conversation nous retranchions l'*l* de notre mouillé, ce n'est qu'une ressemblance de plus.

naire et l'*l* mouillée. Dans la conversation on prononcera aussi : *bi-iard*, *bi-iet*, *bi-iot*, *rou-ier*, *tá-
ieur*, etc., pour *billard*, *billet*, *rouiller*, etc., sans s'inquiéter des avis contraires, ni des réclamations de
province : si l'on objectait que cette prononciation
est toute parisienne, nous répondrions : « C'est que
le Parisien, qui, de l'aveu de toute l'Europe, a
porté à un si haut degré l'art de la conversation ,
entend mieux que personne la douceur et l'agrément du langage, et qu'il déteste tout ce qui est dur
et affecté (1)..»

---

(1) Nous proposerons une question à ceux de nos compatriotes que la prééminence de Paris blesse toujours : de quel
point de la France partira la véritable prononciation française ?
Sera-ce de Bordeaux ou de Marseille, de Lyon ou de Rouen ?
Dans ce conflit de prétentions urbaines, faudra-t-il que Paris
cède le pas à ses rivales, ou à quelque autre ville moins importante encore, telle que Blois, par exemple, que le préjugé et
la jalousie de province vont citant comme un modèle de bonne
prononciation, parce qu'autrefois nos rois y faisaient quelque
séjour? Mais alors pourquoi pas Rambouillet, Versailles, Fon-
tainebleau, Compiègne? pourquoi pas Paris enfin, Paris, depuis long-temps le siége du gouvernement, le foyer des lumières,
le centre des académies ; Paris, la vieille ville gauloise que les arts
et le goût rajeunissent sans cesse, et qui voit chaque année de
nouveaux fleurons embellir et fermer sa couronne. Il n'est pas
à notre connaissance qu'en aucun pays du monde la capitale
soit tombée si bas que son langage passe pour le plus mauvais

Plus les mots seront communs ou ordinaires,
plus il y aura nécessité de ne pas faire sentir l'*i*.
Lorsque l'*i*, qui est ordinairement sous-entendu

---

de tous, ni qu'on ait jamais eu l'idée d'aller apprendre l'anglais à Dublin ou à Édimbourg, l'espagnol à Pampelune ou à Bilbao, et ainsi du reste.

Mais pourquoi tant s'évertuer pour ou contre Paris? Pourquoi s'enorgueillir d'en être ou regretter de n'en être pas, et se venger par un faux dédain? Pourquoi toutes ces récriminations de part et d'autre, indignes de gens d'esprit? Quant à nous, voici notre solution : une capitale, c'est la propriété de tous, c'est l'exèdre, le gymnase, le muséum général de la nation, la ville aux cent portes, où chaque province devrait avoir son faubourg ; les habitans n'en sont que les conservateurs, les gardiens passagers ; ils disparaissent tôt ou tard, eux et leurs enfans, pour faire place à d'autres ; car de véritables Parisiens, de vraies souches parisiennes, combien en compte-t-on ? En considérant une capitale sous ce point de vue, et Paris en particulier, tout esprit de rivalité cessera, tout y deviendra national, rien n'y sera parisien.

Ces réflexions nous ont été suggérées par un nouvel ouvrage sur la lecture, où l'on semble avoir pris à tâche de rabaisser le langage parisien ; nous avons observé que les grammairiens de province manquent rarement de payer ce petit tribut à leur amour-propre ou à celui de leurs compatriotes : c'est le cri de guerre de ces messieurs. On croirait presque entendre Caton fulminant son anathème ordinaire contre Carthage. Ne serait-il pas temps d'en finir avec tous ces puérils débats qui empêchent la prononciation de suivre son cours ?

après l'*l*, se trouve représenté effectivement et placé devant une autre voyelle avec laquelle il forme diphthongue, le mouillé doit avoir lieu dans toute son intégrité, même dans le ton ordinaire de la conversation. Tels sont *millier, millième, million, millionnaire, billion, liard, milliard, milieu, bailliage, jouaillier, pilier, sommelier, roulier, mobilier, allier, familier, familière, fourmilière, filière, serpillière, Villiers, Radonvilliers,* etc. Voilà le seul cas où l'*l* mouillée simple ou double ne peut jamais se supprimer; aussi les bons orthographistes ont-ils eu soin d'écrire ces différents mots de manière à ce qu'on ne s'y trompât pas. C'est en ceci que les gens de la province ont droit d'adresser des reproches aux habitans de Paris, du moins à ceux qui, manquant d'instruction ou d'oreille, se plaisent à prononcer *mi–ier, mi–ième, mi–ion, mi–ionnaire, bi–ion, mi–iar, mi–eu,* etc.

L'adverbe *ailleurs* doit aussi se prononcer *a-lieurs,* et non pas *a-ieurs,* parce que ce mot vient de l'ancien substantif *lieur,* aujourd'hui *lieu,* et qu'il en a conservé la prononciation ; on ne sait trop pourquoi les orthographistes ont préféré *ailleurs* à *alieurs.*

Il ne faut pas confondre avec les mots précédents les verbes en *illions* et en *illiez,* qui appartiennent à l'imparfait de l'indicatif et au présent du subjonctif ; tels que *nous travaillions, vous travail-*

liez; que nous travaillions, que vous travailliez; l'*i* n'est ajouté ici que comme désignation de temps et de personnes, et nullement pour assurer l'intégrité de l'*l*. Il y a plus, si l'on voulait faire sentir cette *l*, on ne pourrait plus distinguer les deux temps ci-dessus du présent de l'indicatif. Ajoutez que ces sortes de verbes, appartenant pour la plupart au langage usuel, exigent une prononciation tout-à-fait ordinaire. Ainsi, lisez : *nous travaillions, vous travailliez,* et autres verbes semblables, comme s'il n'y avait pas d'*l*, et en ayant soin d'appuyer fortement sur l'*i*. (Voir, page 64, ce que nous avons dit sur les verbes en *gnïons, gnïez; ouïons, ouïez; uïons, uïez; illions, illiez.*)

Les seuls mots auxquels il serait difficile d'assigner leur véritable prononciation au moyen de sons représentatifs sont ceux où l'*l* mouillée est finale, qu'elle soit simple, comme dans *camail, portail, éventail, travail, ail, vermeil, soleil;* ou redoublée, comme dans *médaille, limaille, vermeille, groseille, feuille, rouille;* parce que dans ces sortes de mots l'*i* que l'on sous-entend après l'*l* est tellement rapide que l'oreille a à peine le temps de le saisir, soit qu'on fasse entendre l'*l*, soit qu'on la supprime. Cette prononciation, qui est toute française, a besoin d'un maître pour être comprise, la langue écrite se refusant à toute explication satisfaisante ; il nous suffira de dire que, dans le ton ordinaire de la conversation , le mouillé des mots *camail, éventail, travail, ail, médaille, limaille,* peut très-bien s'expliquer par celui des substantifs *Andaye, Blaye, Biscaye, Lucayes* (voyez page 17); ce mouillé a encore quelque rapport avec l'*i* long des Anglais.

Les terminaisons *eil* et *eille* des mots *sommeil, groseille, vermeille,* etc., ont aussi leur ressemblance de son avec les substantifs *paye, taie* d'oreiller.

Règles générales.

Deux *l* précédées d'un *i* se mouillent toujours, excepté : 1° *ill* initial.

2° Les mots terminés en *illaire* et en *illation.*

3° Les verbes *distiller, osciller, scintiller, vaciller,* et leurs dérivés. (Voir, pour quelques-uns de ces mots, le redoublement de l'*l.*)

4° *Achille, codicille, Gille, Saint-Gilles, imbécille, Lille,* nom de géographie, *mille,* nom de nombre, *papille, pupille, tranquille, pusillanime, ville,* et leurs dérivés. Ajoutez quelques noms propres latins, tels que *Priscille, Cyrille,* etc., et aussi *Séville,* capitale de l'Andalousie.

Remarque. Les dérivés de *ville,* qui sont en fort grand nombre, appartiennent en général à des noms propres ; tels sont *Abbeville, Damville, Motteville, Préville, Joinville, Thionville, Lunéville, Villars, Villaret, Villers;* et pour les noms ordinaires *village*, *villageois*, *villanelle*, et aussi *Calville*.

Quelques personnes ajoutent à l'*l* non mouillée *campanille*, terme d'architecture.

On écrivait autrefois *argille*, *argilleux*, à cause de l'étymologie. Ces mots ont pris une orthographe plus conforme à leur prononciation ; ainsi, lisez et écrivez *argile*, *argileux*.

Ne confondez pas *ill* avec *yll*, qui ne se mouille pas. Comme dans *idylle*, *sibylle*, *syllabe*, *syllepse*, *syllogisme*, *Phyllis*, *Sylla*, excepté *Amaryllis*, nom célèbre dans nos poésies légères, qui prend le mouillé soutenu (1).

2e RÈGLE. Les quatre terminaisons masculines *ail*, *eil*, *euil*, *ouil*, se mouillent toujours, quoique l'*i* ne soit appuyé que sur une seule *l*. Cette règle ne souffre aucune exception. Les terminaisons féminines correspondantes ne souffrent non plus aucune exception.

Les six terminaisons masculines *illard*, *illet*, *illon*, *illot*, *illac*, *illy*, offrent la même invariabilité, comme appartenant, ainsi que les précédents, à des mots purement français.

Les noms propres suivent la même prononciation, parce qu'ils ont une origine semblable.

---

(1) C'est aussi le nom d'un joli papillon de jour et d'une plante de la famille des narcisses.

Tels sont *Montmirail*, *Gail*, *Creil*, *Corbeil*, *Breuil*, *Noailles*, *Versailles*, *La Touraille*, *Marseille*, *Crébillon*, *Massillon*, *Chaillot*, *Chantilly*, *Billy*, *Tilly*, *Canillac*, *Aurillac*, *Massillac*, *Condillac*, etc.

Cinq noms terminés en *il* font sentir l'*l* mouillée ; ce sont *avril*, *fenil*, *grésil*, *mil* ou *millet*, *péril*. Les grammairiens ajoutent *cil*, plus usité au pluriel qu'au singulier ; mais, quoique cette prononciation soit étymologique (1), presque tout le monde prononce *cile*. Les dérivés des mots précédents doublent l'*l*, et par conséquent la mouillent ; comme dans *grésiller*, *millet*, *périlleux*, *ciller*, *cillement*. (Voir l'*l* finale, pour les autres mots en *il*.)

Le *lh*, d'origine méridionale, se mouille dans quelques noms propres ; tels sont *Jumilhac*, *Pardalhac*, *Pardalhan*, *Milhau*, etc.

Le *lh* des substantifs *gentilhomme*, *gentilhommière*, se mouille également ; mais le pluriel *gentilshommes* se dit *gentizhommes*.

Fausse prononciation de l'L mouillée.

Dans nos provinces du midi on a toutes les peines du monde à mouiller l'*l*; aussi n'est-il pas

____

(1) Le latin est *cilium*.

rare d'entendre prononcer *solè-le*, *viè-le*, *vermè-le*, *orè-le*, *péri-le*, *péri-leux*, *avri-le*, *infa-li-ble*, *ca-mo-mile*, pour *soleil*, *vieille*, *vermeil*, *oreille*, *péril*, *périlleux*, *avril*, *infaillible*, *camomille*,

Ceux des mêmes provinces qui se piquent de parler plus purement que les autres affectent au contraire de prononcer les *l* mouillées dans toute leur intégrité, et croiraient manquer essentiellement aux lois du langage s'ils en omettaient une seule : c'est passer d'une extrémité à l'autre. (Voyez ce que nous avons dit plus haut touchant le mouillé soutenu et le mouillé faible de la conversation.)

Dans le nord de la France c'est l'*l* mouillée qu'on fait entendre de préférence, surtout dans les terminaisons *il*, *ile* et *ille*, sans considérer si la prononciation l'exige ; comme dans *volatil*, *reptile*, *crocodile*, *versatile*, *tranquille*, *pupille*, et aussi dans *vaciller*, *osciller*, *semoule*, *linceul*; mais il n'est pas moins contraire à la bonne prononciation de mouiller l'*l* sans nécessité que de ne pas la mouiller quand elle doit l'être.

M, N.

Nous ne répéterons pas ce que nous avons dit sur l'*m* et sur l'*n* à l'article des voyelles nasales. Nous parlerons plus bas du redoublement et de la liaison de ces deux consonnes.

P.

Le *p*, de même nature que le *b*, ne s'en distingue que par une pression beaucoup plus forte ; il se fait toujours sentir, soit au commencement, soit au milieu des mots , excepté dans *Baptiste, Saint-Jean-Baptiste, baptème, baptistaire* (mais non *baptismal*), *compte, escompte, mécompte, exempter* (mais non *exemption*) ; *promptitude, sculpture, sculpteur, sept, septième* ; *septier* ou *sétier*, et les dérivés de même.

Plusieurs grammairiens veulent qu'on prononce dans le ton ordinaire de la conversation : *donter, dontable, indonter, indontable,* pour *dompter, domptable, indompter, indomptable* ; cette prononciation est toute du midi, où il n'est pas rare non plus d'entendre dire *rédenteur, rédention, présontif, suscetible,* etc., pour *rédempteur, rédemption, présomptif, susceptible.* Quant aux mots *dompter, domptable,* etc., on sent qu'ils ont besoin d'une prononciation qui réponde à l'énergie de leur signification , et que la suppression du *p* les amollit beaucoup trop. Les personnes qui parlent bien , celles qu'on écoute avec le plus de plaisir, nous confirment dans cette opinion ; jamais on ne leur entendra dire , *donter, dontable,* etc.

PH.

Le *p* suivi de l'*h* forme une consonne composée,

dont l'articulation est simple et répond à celle de l'*f*.

Le *ph* se fait sentir partout ; comme dans *phi-losophe, phthisie, phrase, ophthalmie, Joseph*, lisez *filosofe, fthisie, frase, ofthalmie, Josèfe*.

Q.

La prononciation du *q* est la même que celle du *k* ou du *c* guttural. Il ne s'emploie jamais au com--mencement, ou au milieu des mots, sans être suivi d'un *u*. (Voyez, page 49, ce qui concerne les syllabes *qua, qué, qui, quo*.)

R.

L'*r* articulée a la propriété d'adoucir presque toutes nos voyelles et de communiquer le son ouvert à l'*e* et aux voyelles qui le représentent.

Au commencement et au milieu des mots l'*r* s'articule toujours.

S.

L'*s* prend deux articulations : l'une forte, qui est celle de *ce* ; l'autre, douce qui est celle de *ze*.

De l'S forte.

L'*s* est forte : 1° au commencement des mots, excepté dans *sbire, svelte*, qu'on prononce *zbire, zvelte*.

2° Lorsqu'elle est redoublée : *assassin, Prusse, mousse, pelisse*, etc.

3º Lorsqu'elle est précédée ou suivie d'une consonne : *absence, absinthe, corset, esclavage, transmettre, transporter, transmutation*, etc.

Excepté *balsamum, balsamine, balsamique*, qui se prononcent *balzamome, balzamine, balzamique*.

La préposition *trans* suivie d'une voyelle prend aussi le *z* : *transaction, transalpine, transitoire, transiger, transit*, lisez *tranzaction*, etc.; mais *Transylvanie, transir, transissement*, suivent la règle ordinaire, et se prononcent *Transsylvanie, transsir*, etc.

4º L's est également forte lorsqu'elle se fait sentir à la fin des mots, comme dans *aloès, gratis, mérinos, blocus*. (Voyez plus bas ce qui concerne l's finale.)

De l'S douce.

L's s'amollit entre deux voyelles et prend le son du *z*, comme dans *aise, base, case, oser, résipiscence, vésicatoire* (1), etc.; excepté : 1º *monosyllabe, polysyllabe, préséance, présupposer, présupposition, parasol, entresol, désuétude*, qu'on prononce *monossyllabe, polyssyllabe*, etc.

2º *Nous gisons, ils gisent, il gisait, ils gisaient, gisant*, les seuls temps, avec *il gît, ci-gît*, qui nous restent du verbe *gésir*. Ainsi, lisez *nous gissons*, etc.

On écrivait autrefois *resaigner, resaisir, resaluer*,

____

(1) Beaucoup de personnes prononcent faussement *vessicatoire* et *ressipiscence*.

resacrer, *resécher*, *resemer*, *vraisemblant*, *vraisemblance*, *vraisemblable*, *contreseing*, *contresigner*, *contresanglon*, *s'entresecourir*; ces mots s'écrivent aujourd'hui en doublant l's pour les neuf premiers exemples, et avec un tiret pour *contre-seing*, *contre-signer*, *contre-sanglon*, *s'entre-secourir*, ce qui est plus conforme à la prononciation.

De l'S muette au commencement et au milieu des mots.

L's est muette : 1° dans les syllabes *sce*, *sci*, *scy* : *scène*, *sceptique*, *science*, *scythe*; lisez *cène*, *ceptique*, etc.

2° Dans *sch*, lorsque le *ch* conserve la prononciation française, comme dans *scheling*, ou *cheling*, *schisme*, *schiste*, *Schaffouse*.

3° Pour l'article pluriel *des*, servant à former des noms propres dérivés de noms communs ou appellatifs qui commencent par une consonne ou une *h* aspirée, comme dans *Descartes*, *Desfontaines*, *Desforges*, *Deshayes*, *Deslandes*, *Desmoulins*, *Desmarets*, *Desnoyers*, *Desportes*, *Despréaux*, *Destouches*, etc.

4° Dans les noms propres français formés de noms communs où elle existait autrefois; tels sont : *Duchesne*, *Duchesnois*, *Dufresne*, *Dufresnoy*, *Laisné*, *Lasne*, *L'Hospital*, *Le Maistre*, *Le Nostre*, *Lévesque*, *Laubespine*, *Meusnier*, *Ménestrier*, *La Forest*, *Saint-Genest*, etc.

5º L's est encore muette dans les noms propres français où elle est suivie de l'une des trois liquides *l, m, n* : *Bélesme, Blesle, Nesle, Presle, Pont-de-Vesle, Duquesne, Saint-Mesme, Saint-Mesmin, Praslin, Aisne, Avesne, Cosne, de Losne.*

Ajoutez à l's muette les mots composés *lesquels, lesquelles, desquels, desquelles, mesdames, mesdemoiselles, tandis que*; ajoutez encore *isle, islot,* qu'on écrit aussi *île, îlot;* les noms propres *d'Estrée, Duguesclin, les Vosges.*

Du SH *anglais.*

Il y a une telle analogie entre le *sh* anglais et le *ch* français, que nous l'avons adopté dans plusieurs mots. Tels sont *Shakespeare,* célèbre auteur tragique; *Shéridan,* autre écrivain remarquable; *Cavendish,* fameux navigateur; *shérif,* sorte de magistrat annuel ou officier de justice en Angleterre. Telle est encore la terminaison *shire,* qui signifie comté ou province, ajoutée à la plupart des noms de géographie des quarante divisions ou départements de l'Angleterre; comme le *Yorckshire,* le *Dorsetshire,* le *Devonshire,* etc. Lisez *Chékspire, Cavendiche, chérif, Yorkchire,* etc.

Nous disons aussi les îles *Chetlande,* pour les îles *Shetland.*

T.

Le *t,* de même nature que le *d,* ne s'en distingue

que par une pression beaucoup plus forte. Il se fait toujours sentir, soit au commencement, soit au milieu des mots, excepté dans *mont* et *pont*, espèces de qualificatifs servant à former des noms propres composés, tels que *Montmartre, Montmirail, Montmorency, Montbazon, Montlhéry, Montgomery, Montgolfier, Montfort, Montpellier, Montpensier, Montrouge, Pontchartrain, Pontchâteau,* etc.; lisez *Monmartre, Monmirail,* etc.

Remarquez que *mont* et *pont* doivent être suivis d'une consonne, pour que le *t* soit muet, au lieu qu'il est sonore devant une voyelle, à cause de la liaison; comme dans *Montausier, Montargis, Montauban, Pontécoulant, Pontoise, Pont-Audemer, Pont-à-Mousson.*

L'articulation *th,* dérivée principalement du grec, et que beaucoup d'étrangers confondent avec *ce,* ou avec le *th* des Anglais, n'équivaut chez nous qu'à un *t* ordinaire; comme dans *méthode, thé, thériaque, thème, thèse, théologie, théâtre, Théodore, Théodose, Mathieu,* lisez *métode, té, tériaque,* etc.; excepté *asthme, asthmatique, isthme, isthmique,* où le *th* est muet; ainsi, lisez *asme, asmatique, isme, ismique.*

Conversion de TI en CI.

Ti se change en *ci :* 1º dans *tia,* quelque place que cette syllabe occupe dans les mots; tels sont *abbatial*, *martial*, *nuptial*, *insatiable*, *initiation*, *initiative*, *transsubstantiation*, *propitiatoire*, *confidentiaire*, *plénipotentiaire*, *tertiaire*, *nicotiane*, *gentiane*, *gentianelle*, *Miltiade*, *Spartiate*, *Martian*, *impartiaux*, etc.

Les seules exceptions à notre connaissance sont : 1° *tiare*, que beaucoup d'écrivains ont écrit et écrivent encore *thiare*, orthographe, comme on voit, qui n'est pas sans motif ; 2° *centiare*, *éléphantiasis*, à cause de *cent* et d'*éléphant*, qui, en cas de liaison, prennent le *t* dur ; 3° la syllabe *tia* du verbe *châtier*, comme dans *je châtiai*, *tu châtias*, etc., et l'adjectif *châtiable*.

Remarque. — Le verbe *châtier* est le seul de cette terminaison ou le *t* soit dur ; les autres verbes en *tier*, savoir : *balbutier*, *initier*, *transsubstantier*, se prononcent *balbucier*, *inicier*, *transsubstancier*, parce qu'ils viennent des substantifs *balbutiement*, *initié*, *initiation*, *transsubstantiation*, et qu'ils ont dû en prendre la prononciation ; tandis que *châtier*, qui dérive de *châtiment*, conserve le *t* dur comme son substantif (1).

------

(1) *Époutier*, *ortier*, deux verbes qui ont vieilli, se prononcent aussi avec le *t* dur, comme provenant de *pouti*, ordure, et de *ortie*. *Époutier* se dit encore en terme de métier, et signifie ôter les ordures des laines confectionnées ; *ortier* veut dire piquer avec des orties.

Quant aux autres verbes qui font entendre *cier*, ils s'écrivent comme ils se prononcent ; tels sont *apprécier, associer, disgracier, officier, négocier, préjudicier, supplicier,* etc., comme provenant d'*appréciation, association, disgrace, office, négoce, préjudice, supplice.* Le seul verbe *scier* prend *s* devant *cier.*

2° *Ti* s'adoucit et prend l'articulation de *ci* dans les substantifs en *atie, étie* et *itie ;* tels sont *aristocratie, diplomatie, bureaucratie, théocratie, facétie, péripétie, calvitie, impéritie, prophétie, Croatie, Galatie, Dalmatie, Helvétie, goétie, Nigritie.*

Ajoutez *inertie, ineptie, minutie, argutie* (1), *Béotie.*

3° Dans les terminaisons *tiel* et *tieux : essentiel, substantiel, pénitentiel, potentiel, ambitieux, captieux, superstitieux,* et les mots qui en dérivent, pourvu que *tiel* et *tieux* s'y retrouvent, comme dans *substantiellement, essentiellement, ambitieusement,* etc.

4° Dans la terminaison *tien* des noms de peuples, de dynasties, de sectes ou d'individus, tels que les *Vénitiens,* les *Egyptiens,* les *Helvétiens,* les *capétiens, Gratien, Dioclétien,* le *Titien,* etc.; excepté *chrétien, chrétienne, chrétienté,* à cause de *Christ,* où le *t* est dur.

5° Dans la terminaison *tion* appartenant à un

____

(1) Quelques grammairiens autorisent *arguthie,* mais la prononciation la plus ordinaire est *argucie.*

très-grand nombre de substantifs féminins; tels sont *action*, *friction*, *proportion*, *nation*, *diction*, *condition*, etc.

Dans les dérivés ou *ion* se change en *io*, la même prononciation a lieu : *actionner*, *frictionner*, *proportionner*, *national*, *dictionnaire*, *conditionnel*.

Ne confondez pas avec les féminins en *tion* la terminaison *tions* des verbes de la première personne du pluriel, tels que nous *partions*, nous *sortions*, nous *sautions*, etc.; excepté *tions* des trois verbes *balbutier*, *initier*, *transsubstantier*, dont nous venons de parler tout-à-l'heure.

6° *Ti* se change encore en *ci* dans les deux terminaisons *tium* et *tius*; tels sont *Actium*, *arctium*, *pancratium*, *Latium*, *Mutius*, *Tatius*, *Grotius*, *Helvétius*, etc.

Ajoutez les mots isolés *patience*, *impatience*, *quotient*, *satiété*, et les dérivés.

Il y a exception aux six règles précédentes lorsque *ti* est précédé d'une *s* ou séparé par une *h*; tels sont *Bastia*, *bestial*, *vestiaire*, *dynastie*, *modestie*, *sacristie*, *amnistie*, *hostie*, *célestiel*, *Bastien*, *Bastienne*, *Sébastien*, *Sébastienne*, *combustion*, *suggestion*, *indigestion*, *mixtion* (1), *antipathie* (2), *sympathie* (3); *galimathias*, *Mathias*, *Mathieu*, *Ponthieu*, *polymathie*.

---

(1) Dans *mixtion* l'*x* représente *qs*; *tion* par conséquent se trouve précédé d'une *s*.

(2 et 3) Quelques auteurs ont faussement écrit *sympatie*, *gali-*

Quelques personnes, faisant dériver *sortilège* de *sorcier*, prononcent *sorcilège* : c'est *sorthilège* qu'il faut dire. *Suggestion*, *disgestion*, *indigestion*, ne doivent pas non plus se prononcer *suggession*, *digession*, *indigession*.

On hésite ordinairement sur la prononciation du mot *aitiologie*, qui se prononce avec le *t* dur ou ordinaire, parce qu'il ne dérive d'aucun féminin en *tion*.

V.

Le *v* est l'articulation adoucie de l'*f*; cette consonne se fait toujours sentir et ne varie jamais.

Les Allemands et les Français du nord confondent souvent *f* avec *v*, et prononcent par exemple les féminins *naïve*, *vive*, *veuve*, *neuve*, etc., comme les masculins *naïf*, *vif*, *veuf*, *neuf*; en général ils changent toutes nos articulations douces en articulations fortes, c'est ce qui donne tant de rudesse à leur langage.

W.

Le double *w* ne se rencontre que dans quelques mots étrangers ; nous lui donnons presque toujours le son du *v*, comme dans *waux-hall*, *Brunswick*,

---

matias; ces deux mots ont repris de notre temps une orthographe plus conforme à leur prononciation et à leur étymologie.

Warwick, *Washington*, *Wenceslas*, *Westphalie*, *Lowendalh*, *Wesminster*, *Wouwermans*, *Worms*; mais *wi* au commencement des mots se dit *oui*: tels sont *whist*, *wisky*, *whig*, *Windsor*; prononcez *ouiste*, *ouisky*, *ouig*, *Ouindzor*.

Aw et *ow* à la fin des mots se rendent généralement par *au*; tels sont *Spandaw*, *Breslaw*, *Glogow*, qu'on prononce et qu'on peut écrire *Spandau*, *Breslau*, *Glogau*. *Poniatowsky* se dit aussi *Poniatosky*.

Law et *Newton* se prononcent *Lâ* (1), *Neuton*.

X.

L'*x* est une articulation composée qui, au commencement des mots les plus connus, se rend par *gz*. Tels sont *Xénophon*, *Xipharès*, *Xerès*, *Xantippe*, *Xavier*, *Ximenès*, *Xerxès*, et son composé *Artaxerxès*.

Dans les noms dont on se sert rarement l'*x* initial à la valeur de *qs*: *xiphias*, *xiphoïde*, *Ximoïs*, prononcez *qsiphias*, etc.

Ex initial s'adoucit toujours devant une voyelle, quand même une *h* précéderait ou suivrait cette syllabe: Ainsi, lisez *examen*, *examiner*, *exempter*, *exemple*, *exact*, *exalter*, *exhausser*, *exhalaison*, *exhéréder*, *exhiber*, *exhorter*, *exhumer*, *hexagone*,

---

(1) Plusieurs grammairiens prétendent qu'on doit prononcer *Lásse* pour *Lá*; nous ne devinons pas sur quoi est fondée cette prononciation, puisque *Law* s'écrit sans *s*.

hexamètre, comme *egzamin*, *egzaminer*, *égzanter egzample*, etc.

Inex, servant à former des composés négatifs, soit que le simple existe ou non dans notre langue, suit la prononciation de *ex* : *inexact*, *inexorable*, *inexactitude*, etc.; lisez *inégzacte*, etc.

Mais dans *ex* et *inex* suivis d'une consonne, l'*x* se prononce toujours comme *qs* : *excavation*, *excellence*, *excès* (1), *excommunier*, *expansif*, *expatrier*, *exposer*, *exprès*, *expressif*, *exprimer*, *inexpérience*, *inexplicable*, etc.

Dans les dérivés de *deux*, *six*, *dix*, l'*x* prend le son de l'*s* douce ou de *z* : *deuxième*, *deuxièmement*, *sixième*, *sixièmement*, *sixain*, *dixième*, etc.; lisez *deuzième*, *deuzièmement*, etc.

L'*x* équivaut à *ce*, ou à deux *s*, dans *soixante*, *Bruxelles*, *Auxonne*, *Auxerre*, *Auxerrois*, *Tixier*, rue de la *Tixeranderie*; ainsi, lisez *soissante*, *Brusselles*, etc.

Mais dans *Saint-Germain-l'Auxerrois* l'*x* conserve la prononciation forte de *qs*.

____

(1) Dans *excès*, *excellence*, l'*x* vaut également *qs*, et non *q*, comme l'ont prétendu la plupart des grammairiens qui n'ont pas fait attention que l'*s* de *qs*, étant de même nature que le *c* doux, se lie à cette consonne pour ne former qu'une seule articulation, comme cela arrive dans beaucoup d'autres mots, tels que *descendre*, *adolescence*, *scène*, *science*, etc.

Hors des règles précédentes, *x* médial se rend toujours par *qs*, qu'il soit suivi de voyelles ou de consonnes, comme dans *axiome, auxiliaire, flexible, préfixion, réflexion, sexe, dextre, texte, sixte, luxe, Alexandre, Alexandrine, Luxembourg, Maximilien, Mexique, Praxitèle, Zeuxis, Saxe, Saxon, Vexin*, etc.

Lorsque l'*x* se fait sentir à la fin des mots, il prend aussi l'articulation forte de *qs*. (Voyez plus bas ce qui concerne l'*x* final.)

Z.

Le *z* a la même articulation que l'*s* douce ; il se fait toujours sentir, soit au commencement, soit au milieu des mots.

Du redoublement des consonnes.

Nous n'avons, à proprement parler, que quatre consonnes, *l*, *m*, *n*, *r*, dont le redoublement se fasse sentir dans la prononciation ; tels sont : 1° *ill, imm, inn, irr*, au commencement des mots, comme dans *illustre, illégal, immense, immortel, inné, innover, irrégulier*, etc.

Excepté *innocent, irriter* et leurs dérivés. Quelques grammairiens ajoutent *innombrable;* mais cette exception n'est pas généralement reconnue, et les personnes qui parlent bien ne l'ont jamais admise.

2° Les deux terminaisons *llaire* et *llation* prennent le redoublement dans tous les mots qui sortent du langage ordinaire ; tels sont *ancillaire*, *armillaire*, *axillaire*, *buccellaire*, *codicillaire*, *corollaire*, *maxillaire*, *médullaire*, *papillaire*, *pupillaire*, *vallaire*, *appellation*, *buccellation*, *circonvallation*, *cancellation*, *collation*, action de conférer, *constellation*, *épellation*, *flagellation*, *interpellation*, *oscillation*, *lallation*, *scintillation*, *stillation*, *titillation*, *vacillation*, et les mots suivants qui en dépendent : *appellatif*, *canceller*, *flageller*, *flagellant*, *interpeller*, *osciller*, *oscillatoire*, *scintiller*, *stillatoire*, *titiller*, *vaciller* (1).

On prononce avec une seule *l*, *ollaire*, *bullaire*, *collation*, léger repas, *décollation*, *distillation*, *instillation*; parce que ces mots, comme dirait Domergue, se sont usés par le frottement. Il est fâcheux que l'orthographe n'ait pas suivi le changement de prononciation, et qu'on ne puisse pas écrire *olaire*, *bulaire*, etc.

Remarque. Lorsqu'un terme savant ou emprunté à une langue étrangère passe dans le langage ordinaire, il prend peu à peu une prononciation plus simple et plus facile : tels sont *ollaire*, *bullaire*, etc.; attendu qu'il n'est pas permis dans la conversation

---

(1) Quelques-uns ajoutent *codicille*; nous croyons que c'est à tort, la terminaison *ille* étant tout-à-fait contraire au redoublement.

de peser sur les syllabes, comme dans un discours académique ou une dissertation savante. Nous croyons cette remarque applicable à toutes les langues.

Cependant il serait à désirer qu'on laissât intactes les familles de mots qui peuvent être soumises à des règles, comme par exemple les quatre combinaisons initiales *ill*, *imm*, *inn*, *irr*; les deux terminaisons *llaire* et *llation*; on doit même regretter qu'on n'ait pas su mieux conserver ces deux dernières familles, parce que le redoublement de quelques consonnes, principalement des quatres liquides *l*, *m*, *n*, *r*, n'est pas sans agrément dans la conversation, outre qu'il contribue à la variété du langage.

Mais nous souhaiterions qu'on rendît à la prononciation ordinaire les mots isolés, toujours trop considérables pour la mémoire (1). Alors on ver-

----

(1) Les mots isolés appartiennent pour la plupart aux sciences. On dirait que les savants ont pris à tâche de se faire un langage à part, souvent contre l'étymologie, comme on le leur a reproché, étymologie à laquelle néanmoins ils prétendent être attachés avant tout. Ce sont eux qui ont hérissé la prononciation et l'orthographe de difficultés sans nombre, comme si la langue maternelle devait ressembler à ces langues occultes ou hiéroglyphiques qu'il n'appartenait qu'aux initiés de savoir. Les pédants du quinzième et du seizième siècle, dédaignant l'ordre et la symétrie des législateurs naturels de la langue, rompirent l'unité

rait bientôt toutes les classes de la société parler leur propre langue avec plus ou moins de facilité et d'élégance.

Colla, *colli*, *collo*, *collu*, au commencement des mots se prononcent avec les deux *l*, comme dans *col-*

---

de la prononciation et de l'orthographe, en voulant tout rapporter au grec et au latin. Étrange aberration ! c'était presqu'un crime et une hérésie à leurs yeux que d'écrire en français. Si leur doctrine eût prévalu, que seraient devenues les productions de nos grands écrivains et l'universalité de la langue française ?

Quand un peuple refait sa langue (nous entendons ici le peuple d'élite, et non la populace), il s'y entend mieux que personne, il l'empreint de son originalité, il lui rend cette physionomie nationale que la science lui avait fait perdre ; vient ensuite l'homme de génie, ce type de la nationalité : il appose son cachet à son tour, et la langue d'un pays, long-temps méconnue et regardée comme barbare, s'élève tout-à-coup et devient une langue immortelle.

Une observation remarquable, c'est que la manie de gâter la langue maternelle et de lui donner l'exclusion au profit d'une langue étrangère a marqué le commencement de presque toutes les époques scientifiques et littéraires de l'Europe moderne.

Les Grecs et les Romains l'entendaient bien mieux que nous ; ils nationalisaient leurs conquêtes jusqu'aux termes qu'ils empruntaient aux langues étrangères, auxquels ils rendaient une physionomie grecque ou latine, de sorte que le peuple pouvait se servir d'un mot dès son apparition dans le langage, sans craindre de blesser les lois de la prononciation ni d'apprêter à rire à ses dépens.

latéral, collatif, collationner (conférer), *colliquatif, colliquation, colliger, collision, colloquer, colluder, collusion;* lisez *col-latéral, col-latif, col-lationner,* etc.; excepté *colline, collationner,* faire un léger repas.

Remarquez que *collé* n'est pas compris dans cette règle.

Les deux *n* suivies d'un *a* se font sentir dans tous les mots qui sortent du langage ordinaire, et dans les noms propres; tels sont *annales, annate, biennale, décennal, triennal, vicennal, septennal, surannation, Anna, Cinna, Enna, Porsenna,* etc. Mais *Cincinnatus* se dit plus communément *Cincinatus.*

Dans les noms propres grecs ou latins, le redoublement a lieu aussi pour les deux *l* suivies d'un *a* ou d'un *u;* tels sont *Caracalla, Dolabella, Pallas, Sylla, Marcellus, Lucullus, Gallus, Pollux.*

On ne prononce ordinairement qu'une *r* dans les noms propres. Cependant quelques personnes font sentir le redoublement dans *Burrhus, Pyrrha, Pyrrhus, Pyrrhique;* mais non dans *Pyrrhon, Pyrrhoniens.*

Mots isolés soumis au redoublement.

Pour l'*l*: *allégorie, allégorique, allocution, allocation, allusion, alluvion, Allobroges, Apollon, Apollonius, belligérant, belliqueux, Bellone, Bellérophon, chambellan, ellébore, fallacieux, gallican, gallicisme, hallucination, Illyrie, intellecte, Magellan, magellanique, Othello, pollicitation, pusillanime, pulluler, syllabe, syllabique, velléité*, et les mots qui en dépendent.

Quelques grammairiens ajoutent : 1° *allodial, allécher, alléguer, allégro, allégresse*, de l'italien *allégrezza; allitération, débellatoire, intelligence, intelligible, libellatique, millénaire, métallique, métallurgie, nullité, palladium, solliciter, sollicitude, sollicitation, solliciteur*.

2° *Ellipse, elliptique, collégial, folliculaire, malléable, malléabilité, pallium, pallier, palliatif, tabellion, rébellion;* mais nous croyons qu'il y a répétition vicieuse ou surannée dans ces derniers exemples, surtout pour *pallium, pallier, palliatif, tabellion, rébellion*, attendu qu'il est tout-à-fait contraire au génie de notre langue de faire entendre le mouillé de *l* après la double articulation de cette consonne.

Les mots *hellènes, helléniste, hellénisme, hellénique*, sont indiqués aussi par quelques grammairiens, avec le redoublement; mais, les évènements remarquables de la Grèce moderne ayant rendu le nom des Hellènes beaucoup plus familier, ce mot et ceux qui en dépendent ont dû prendre peu à peu une prononciation plus française :

aussi prononce-t-on généralement *hélènes, hélé-niste*, etc.

Les mots isolés pour le redoublement de l'*m* sont *commensurable, incommensurable, commotion, commuer, commutation, commémoraison, commémoration, droit de committimus, grammaire, grammatiste, grammatical;* et pour les noms propres, *Emma, Jemmapes, Ammon, Ammonite, Mummius, Emmaüs.*

Quelques auteurs prétendent qu'on ne prononce qu'une *m* dans *grammaire, grammairien,* mais qu'on en fait entendre deux dans *grammatiste, grammatical;* nous avons remarqué que les personnes qui parlent bien n'ont jamais cessé de prononcer uniformément *grammaire, grammairien, grammatiste,* etc.; d'ailleurs à quoi bon établir des exceptions dans les exceptions ?

Quelques personnes font sentir les deux *m* dans *inflammation;* l'usage est contraire à cette prononciation, qu'aucun grammairien n'autorise.

Les mots isolés pour le redoublement de l'*n* sont *annuaire, annuel, annuité, annexe, annexé, annihilation, annihiler, annoter, annotateur, connexion, connivence,* et aussi *Annibal, Linnée, Apennin.* Toutefois les deux *n* commencent à s'effacer dans la plupart de ces mots, et bientôt peut-être on n'entendra plus qu'une seule articulation.

Les mots isolés pour le redoublement de l'*r* sont :

1° les futurs et les conditionnels des verbes *mourir*, *acquérir* (1), *requérir*, *courir* et ses dérivés.

2° Les mots *aberration*, *concurrence*, *concurrent*, *occurrence*, *errement*, *erreur*, *erroné*, *interrègne*, *horreur*, *horrible*, *terreur*, *terrible*, *torrent*, *narration*, *errer*, *abhorrer*. Toutefois nous ferons remarquer que quelques-uns de ces mots, tels que *concurrence*, *horreur*, *horrible*, *terreur*, *terrible*, *torrent*, *narration*, n'admettent le redoublement que dans le discours soutenu.

Tels sont les différents redoublements pour les quatre liquides *l*, *m*, *n*, *r*, auxquels il faut ajouter, pour le *d*, *Adda*, rivière d'*Italie*, et, d'après l'opinion des grammairiens, *addition*, *reddition*, *adducteur*, *adduction*; nous croyons néanmoins que l'usage permet aujourd'hui de supprimer le redoublement surtout pour *addition*, *reddition*.

Les deux *t* se font sentir, disent les grammairiens, dans *attique*, *atticisme*, *battologie*, *guttural*, *pittoresque*, *Calcutta*; mais ce redoublement, qui d'ailleurs n'est pas généralement suivi, est si peu agréable à entendre, qu'il pourrait disparaître du langage sans laisser le moindre regret aux amateurs

---

(1) *Quérir* et les autres composés de ce verbe n'ont point de futur ni de conditionnel; si l'on rétablissait un jour ces deux temps, il est probable qu'ils suivraient la prononciation de *j'acquerrai*, *j'acquerrais*.

de la bonne prononciation. Un redoublement qui nous semble plus positif, c'est celui des mots en *tti* et en *tto* dérivés de l'italien, tels que *allegretto*, *in-petto*, *concetti*, *tutti*, *Algarotti*, *Viotti*, et aussi *dilettanti*.

Le *c* et le *g* redoublés demandent une explication particulière ; ils ne font entendre l'un et l'autre qu'une seule articulation lorsqu'ils sont suivis de l'une des trois voyelles *a*, *o*, *u*, ou d'une consonne, parce que le second *c* ou le second *g* se trouve dans les mêmes rapports que le premier (1), comme dans *accabler*, *accoutumer*, *accorder*, *acclimater*, *accroître*, *agglutiner*, *agglomérer*, *aggraver ;* lisez *acabler*, *acoutumer*, *acorder*, *aclimater*, *acroître*, *aglutiner*, etc.

Les deux *c* ont cela de particulier, que le second peut être représenté par *q* ou *k* sans rien changer à la prononciation. Comme dans *acquérir*, *Lock*, *Stockholm*, *Lockman ;* cette observation est nécessaire, parce qu'il y a des personnes qui croient devoir faire une différence, et prononcer *acquérir*, par exemple, beaucoup plus fortement que *accabler*, *accoutumer*, etc.

____

(1) C'est-à-dire que le premier *c* ou le premier *g* est guttural, comme étant suivi d'une consonne ; le second *c* ou le second *g* est pareillement guttural, comme étant suivi de l'une des trois voyelles *a, o, u,* ou d'une autre consonne : il y a donc identité et unité de prononciation.

Lorsque les deux *c* ou les deux *g* sont suivis de l'une des trois voyelles *e*, *i*, *y*, il n'y a plus unité de prononciation ; c'est-à-dire que le premier *c* et le premier *g* conservent l'articulation gutturale comme étant suivis d'une consonne, au lieu que le second *c* et le second *g* s'amollissent devant *e*, *i*, *y*, et se prononcent l'un comme *se*, l'autre comme *je*. Exemples : *accepter, accident, suggérer, suggestion;* lisez *aksepter, aksident, sugjérer, sugjéstion.*

Il n'y a rien de particulier, ni qui sorte des règles du langage, dans ces deux prononciations : nous n'en parlons ici que pour ne rien laisser de douteux ni d'embarrassant dans l'esprit de nos lecteurs, surtout s'ils sont étrangers, attendu que plusieurs grammairiens ont cru devoir donner une explication du *c* et du *g* redoublés qui présente plus d'obscurité que d'éclaircissement (1).

Des consonnes finales.

CONSONNES MUETTES.

PREMIÈRE RÈGLE. Les consonnes ne se font pas sentir, à la fin des mots, toutes les fois qu'elles sont précédées d'une voyelle nasale, comme dans *plomb, aplomb, banc, blanc, franc, jonc, tronc, ins-*

—————————————

(1) Le *g* redoublé ne se rencontre, à notre connaissance, que dans les exemples ci-dessus et ceux qui précèdent.

tinct, rond, bond, grand, marchand, je prends, rang, sang, orang-outang, hareng, seing, champ, temps, etc.

Cette règle, qui comprend une infinité de mots, n'admet que douze exceptions, savoir :

Rumb, terme de marine, qu'on prononce *ronbe.*

Zinc, demi-métal.

Onc., adverbe ; ce mot ne se trouve plus guère que dans nos anciens auteurs.

Donc, au commencement d'une phrase, ou devant une voyelle. Néanmoins nous pensons, avec Domergue, que dans le discours soutenu le *c* de la particule *donc* peut toujours s'articuler ; ainsi, prononcez : *n'ont-ils donque jamais souffert ? oseriez-vous donque le blâmer ?*

Sund, détroit à l'entrée de la mer Baltique. Les gens du monde disent *le Sonde ;* les marins, *le Son.*

Cens, redevance en argent, déclaration des biens.

Mons, abréviation de *monsieur.*

Gent, famille, espèce ; lisez *la gent volatile, la gent souricière.*

Vingt fait sentir le *t,* mais non le *g,* depuis *vingt et un* jusqu'à *vingt-neuf* inclusivement (1).

___

(1) Cette prononciation n'est point applicable à *vingt* pris isolément, ni à *quatre-vingts, quatre-vingt-un, quatre-vingt-*

La terminaison *ynx* ou *inx*, comme dans *sphinx*, *lynx, larynx, pharynx*; lisez *sphinqse, linqse*, etc.

Le verbe *vaincre*, dans *je vaincs, tu vaincs, il vainc*.

REMARQUE. Les bons auteurs recommandent de n'employer qu'avec beaucoup de réserve ces trois personnes du verbe *vaincre*; Voltaire veut même qu'on les bannisse du langage. *Convaincre* suit la prononciation de *vaincre* et comprend les mêmes observations.

Les noms propres français ou naturalisés français suivent la prononciation générale; tels sont *Leblanc, Lefranc, Armand, Ferdinand, Bertrand, Durand, Ferrand, Galland, Roland, Lhommond, Dulong, Saint-Evremont, Deschamps, Saint-Amand, Saint-Amans, Le Mans, Conflans, Confolens*, et les composés de même, tels que *Champmeslé, Champfort, Champfleuri, Montfort, Montfleuri*; lisez *Leblan, Lefran*, etc.

Excepté *Sens, Argens, Lens, Reims* ou *Rheims*, qui font sentir l'*s*.

Les noms étrangers terminés par une voyelle nasale suivis d'un *d* ou d'un *t*, prennent la prononciation française à mesure qu'ils nous deviennent plus familiers; tels sont *Gand, Cléveland, Cumber-*

---

deux, etc., ni au substantif composé *quinze-vingts*. Dans **tous** ces exemples le *t* est muet.

land, *Northumberland*, *Rembrandt*, *Sigismond*; lisez *Gan* , *Clévelan* , etc.

Deuxième règle. Les cinq consonnes, *d*, *t*, *s*, *x*, *z*, ne se font pas sentir à la fin des mots, quelles que soient les voyelles ou les consonnes qui les précèdent. Excepté : 1° quelques noms communs détournés de leur signification ordinaire ; 2° les mots pris des langues étrangères, soit anciennes, soit modernes, et qui ne sont pas encore très-usités ; 3° les noms propres étrangers et quelques vieux noms français devenus presque étrangers pour nous. (Voir plus bas les remarques particulières sur chaque consonne.)

Troisième règle. L'*r* ne se fait pas sentir dans les quatre terminaisons *ier*, *yer*, *cher*, *ger*, des mots de plusieurs syllabes, ni dans les infinitifs en *er*.

Quant aux autres consonnes, elles se font généralement sentir ; mais tel est le génie de notre langue, tel est le principe fondamental de notre prononciation, que les mots qui se terminent par une consonne muette sont en bien plus grand nombre que ceux à consonnes finales articulées.

Quatrième règle. Les noms de nombre *cinq*, *six*, *sept*, *huit*, *neuf*, *dix*, formant une règle à part et étant soumis aux mêmes variations, nous croyons devoir en placer ici l'analyse.

Cinq, *six*, *sept*, *huit*, *neuf*, *dix*, ne font pas sentir leur consonne finale lorsqu'ils sont suivis d'un autre nom de nombre, d'un substantif ou d'un adjectif commençant par une consonne, comme dans *cinq cents, six cents, sept mille, huit mille, neuf millions, dix millions, cinq robes, cinq jolis enfants, six statues;* lisez *cin cents, si cents, sè mille,* etc.

Partout ailleurs *cinq, six, sept, huit, neuf, dix,* font sentir leur consonne finale : 1° lorsqu'ils sont employés substantivement, et, dans ce cas, précédés de l'article *le: le cinq janvier* (1), *le six février, le sept de cœur, le huit de pique, le neuf de carreau, le dix de trèfle, le cinq pour cent;* 2° lorsqu'ils sont placés à la fin d'une phrase : *j'en avais dix, il ne m'en reste plus que cinq, donnez-m'en sept;* 3° dans la numération, comme quand on dit : *un, deux, trois, quatre, cinq, six, sept, huit, neuf, dix,* etc.; *de dix ôtez huit, reste deux; qui de neuf paie six, reste trois.* Lisez pour tous ces exemples : *cinque, sice, sète, huite, neufe, dicc.*

Les nombres composés suivent la même prononciation, tels que *vingt-cinq, vingt-six,* etc., jusqu'à *quatre-vingt-dix* inclusivement; ainsi, lisez *vinte-cinque, vinte-sice,* etc.

---

(1) L'usage permet aujourd'hui de dire : *le deux janvier, le deux février, le trois mars,* etc., et non *le deux de janvier, le trois de février,* etc.

Remarquez que dans tous les exemples précédents l'*x* de *six*, *dix*, se prononce comme l'*s* forte, ou comme *ce*; mais à la liaison l'*x* s'adoucit et se change en *z* : *six hommes*, *dix amis*, lisez *si-z-hommes*, *di-z-amis*. On dit pareillement *di-z-huite*, *di-z-neufe*, pour *dix-huit*, *dix-neuf*; mais *dix-sept* se prononce *dice-sète*. L'*f* de *neuf* s'adoucit aussi à la liaison, et se change en *v* : *neuf hommes*, *neuf ans*, *neuf heures*, lisez *neu-v-hommes*, *neu-v-ans*, *neu-v-eures*.

Remarque. Il est probable que *deux*, *trois*, suivaient autrefois la prononciation de *cinq*, *six*, etc., ce qui établissait une règle générale. Le peuple, plus fidèle gardien des vieilles traditions que qui que ce soit au monde, dit encore : *le deûsse de janvier*, *le troisse de février*, *j'en ai deûsse*, *donnez-m'en troisse*; dans la numération il dit aussi : *un-ne*, *deûsse*, *troisse*, etc., ce qui ferait croire que *un* suivait aussi la règle générale.

Dans la classe marchande il est de mode aujourd'hui de faire sentir la consonne finale de *cinq* et de *sept*, même devant un nom de nombre, un substantif ou un adjectif commençant par une consonne; comme dans *cinq louis*, *sept livres*, *cinq cents*, *sept cents*, etc., qu'on prononce *cinque louis*, *sète livres*, *cinque cents*, *sète cents*. Cette nouvelle prononciation, que rien n'autorise, est tout-à-fait ridicule dans la bouche d'un Français.

De la liaison des consonnes.

On a pu se convaincre, depuis le commencement de cet ouvrage, que les articulations trop compliquées dans le corps des mots, ou trop fréquentes à la fin, ne dominent pas dans la langue française (1).

---

(1) Les terminaisons à syllabes sonores l'emportent de près d'un tiers sur les syllabes sourdes; au lieu que dans les langues du nord, les mots finissent généralement par des articulations. La langue anglaise, par exemple, n'a de terminaison sonore un peu nombreuse que celle de l'*y*; presque tout le reste se compose de syllabes sourdes. Nous appelons syllabe sourde toute consonne articulée à la fin des mots, avec ou sans le secours d'un *e* muet; ainsi, par exemple, *intervalle, stalle, scandale, canal, cheval, nouvel, bel, fidèle, belle, nouvelle, ville, vile, vil, seul, seule,* sont dans les mêmes rapports, puisqu'à la simple audition un étranger ne saurait distinguer s'il y a un *e* muet ou s'il n'y en a pas. Il en sera de même pour *chambre, antre, entre, nombre, souffle, ours, course, rapt, je capte, cobalt, Malte.*

D'un autre côté, *soldat, magistrat, opéra, acacia, vrai, vraie, laid, frais, trait, pied, clef, muid, nuit, appui, joli, jolie, dos, sot, lot, chaud, vertu, rue, je salue, diffus, rebut, roue, joue, bout, tout, chant, dans, dent, bon, rond, un, brun,* sont des mots à terminaisons sonores, puisque aucune consonne ni *e* muet ne se font entendre à la fin, bien que l'orthographe en admette. C'est cette particularité de la langue française qui la rapproche de l'italien, et la place, pour ainsi dire, comme un intermédiaire entre toutes les

En cela elle se rapproche plus qu'on ne pense des langues du midi, principalement de l'italien, dont presque tous les mots se terminent par l'une des cinq voyelles primitives *a, e, i, o, u* (1) ; combinaison très-favorable au chant, mais beaucoup moins agréable dans la conversation, attendu que cette chute ou cadence perpétuelle de *a, e, i, o, u*, n'est pas compensée par l'harmonie musicale. Au lieu que la diversité des sons, bien plus grande chez nous que chez les Italiens, se trouve encore augmentée par le mélange heureux de quelques consonnes finales articulées, au nombre desquelles il faut compter les liaisons indispensables. Si l'on joint à cet avantage la vivacité naturelle de l'esprit, le charme de l'élocution, on ne s'étonnera pas que la conversation française ait atteint un si haut degré de perfection et qu'elle soit en honneur chez presque tous les peuples de l'Europe.

Nous avons déjà vu dans la première partie de cet ouvrage, à l'article des voyelles nasales, que la liaison d'une consonne finale avec une voyelle suivante ou une *h* muette n'est de rigueur que pour

----

langues de l'Europe. En effet, elle tient aux langues du midi par une suite assez nombreuse de terminaisons sonores, et aux langues du nord par ses terminaisons sourdes.

(1) Les Italiens, et presque toutes les nations de l'Europe, prononcent l'*u* comme notre voyelle dérivée *ou*.

les mots qui demandent après eux un régime ou complément que nous appelons inséparable. Nous avons fait remarquer aussi que ces sortes de mots sont d'autant plus faciles à reconnaître qu'ils ne peuvent subsister seuls dans le discours, c'est-à-dire qu'ils n'offrent rien de clair à l'esprit s'ils ne sont accompagnés du mot qui en complète la signification; tels sont : 1º les adjectifs suivis de leurs substantifs : *un franc étourdi, un froid écrivain, un long ennui, un premier amour, un dernier adieu, les bonnes œuvres, les grandes actions, le saint Évangile, un faux enthousiasme;* 2º les articles, les noms de nombre, les pronoms, les adverbes et autres équivalents, suivis du mot explicatif : *les hommes, les étoiles, des arbres, deux amis, trois œillets, cinq oranges, six habits, sept amandes, neuf ans, mes enfants, vos ouvrages, tes excellentes sœurs, leurs écrits, ils nous ont vus, ils vous appellent, ils sont très-inquiets, cela est fort étonnant, c'est l'enfant le mieux élevé que je connaisse, le plus agréable, vous êtes par trop incrédule, cela arriva il y a plusieurs années, nous étions singulièrement émus, il est parfaitement adroit, allez-vous-en chez eux, pas encore, pas un seul, quand on arriva, quant à nous;* 3º toute espèce de composés, à quelque partie du discours qu'ils appartiennent.

REMARQUE. Un composé est une réunion de mots équivalant à un seul, et ayant une signification particulière consacrée par l'usage. Les mieux orthographiés sont ceux dont un trait d'union lie les différentes parties, comme dans : *un vis-à-vis, un coq-à-l'âne, un croc-en-jambes, un pied-à-terre, un sous-ordre, un porc-épic, un pot-au-feu, le pont-aux-ânes, tout-à-fait, tout-à-coup, c'est-à-dire, de pied-en-cap, avant-hier, peut-être*, etc. ; excepté *pied-à-pied*, qu'on prononce, on ne sait trop pourquoi, *pié à pied*, et *orang-outang*, qui se dit *oran ou-tan*.

Quant aux autres composés, substantifs, adjectifs, expressions adverbiales, phrases exclamatives ou autres équivalents auxquels manque le trait d'union, voici les principaux : *un pot à l'eau, un pot au lait, suer sang et eau, de rang en rang, des lods et ventes, de point en point, petit à petit, de plus en plus, de moins en moins, de temps en temps, de temps à autre, en temps et lieu, de mieux en mieux, tôt ou tard, plût à Dieu ! s'il plaît à Dieu, de fond en comble, but à but, de but en blanc, pas à pas, de clerc à maître, tout ensemble, tout ou rien.*

Mont suivi d'un nom propre déterminatif doit être considéré aussi comme un composé ; tels que *le mont Etna, le mont Hécla*, etc.

Il en est de même pour les verbes suivis de leurs propres pronoms, ou de toute autre particule inséparable, le trait d'union indiquant suffisamment leur nature et la nécessité de la liaison, comme dans *vient-il ? peut-elle ? répond-on ainsi ?*

perd-il? viennent-elles? doivent-ils? donnes-en, *al-lez-y*, etc ; lisez, pour tous ces exemples : 1° *un fran-k-étourdi*, *un froi-t-écrivain*, *un lon-k-ennui*, *un pre-miè-r-amour*, *un derniè-r-adieu*, *les bonne-z-œuvres*, *les grande-z-actions*, *le sain-t-Évangile*, *un fau-z-enthousiasme*; 2° *lè-z-hommes*, *lè-z-étoiles*, etc.

Telles sont les différentes liaisons que la conversation exige, aussi bien que le discours soutenu, et sans lesquelles il ne peut y avoir de bonne prononciation.

Remarquez qu'à la liaison *d* équivaut à *t*, *g* à *k*, *s* et *x* à *z*.

Dans les mots à régime inséparable, tels que *un franc étourdi*, *un froid écrivain*, *un léger effort*, *un long ennui*, *un petit enfant*, si l'on ajoute l'*s* du pluriel, cette *s* suffisant à la liaison, la consonne qui précède redevient muette, pour ne pas multiplier les articulations finales, ainsi l'on dira : *de froi-z-écrivains*, *de légé-z-efforts*, *de fran-z-étourdis*, *de lon-z-ennuis*, *des peti-z-enfants*.

Les composés qui ne s'emploient d'ordinaire qu'au singulier rejettent au contraire la marque du pluriel ; comme dans *des ducs et pairs*, *des chars-à-bancs*, *des crocs-en-jambes*, prononcez *des du-k-et pairs*, *des cha-r-à bancs*, *des cro-k-en jambes*. Il en est de même pour *des porcs-épics*, *des arcs-en-ciel*, *des vers à soie*, *des guets-apens*, *maîtres-ès-arts*.

Outre les liaisons indispensables dont nous venons de parler, il en est d'autres qui, sans être aussi rigoureuses, contribuent néanmoins à l'agrément du langage, pourvu qu'elles ne soient ni trop dures ni trop fréquentes ; telle est principalement l's du pluriel, parce que la liaison de cette consonne, ou de l'*x* qui la représente, est une des plus douces et des plus agréables à entendre. A cette liaison il faut rapporter : 1° les substantifs suivis de leurs adjectifs, de la conjonction *et*, ou de tout autre mot qu'aucun signe de ponctuation ne sépare ; 2° les adjectifs ou autres équivalents suivis d'un régime ou complément non inséparable ; 3° les trois personnes du pluriel dans les temps simples des verbes, bien que la dernière finisse par un *t* : ainsi, lisez *des travaux immenses, des lois imparfaites, des cheveux épars, les vertus et les vices, les hommes et les femmes, des esprits nobles et généreux, des femmes faites à ravir, dites à vos amis, faites en sorte, ils sont au jardin, ils arrivent aujourd'hui, ils nous assiègent à toute heure, ils vont à Rome, nous partons à la campagne, vous viendrez avec nous,* comme *des travau-z-immenses, des loi-z-imparfaites,* etc.

Plus la conversation prendra un certain degré d'élévation, plus il sera convenable de faire les liaisons indiquées ci-dessus (1).

______

(1) On n'oubliera pas qu'une liaison admise dans la conversation devient indispensable dans le discours soutenu, principalement dans les vers.

Au contraire, plus la conversation descendra au ton familier, plus les liaisons deviendront affectées et ridicules; telle est par exemple la seconde personne du singulier principalement dans les verbes qui finissent par une syllabe sourde; comme dans: *tu aimes à rire, tu chantes à merveille, tu le demandes inutilement.* En effet le tutoiement, qui dénote presque toujours la familiarité, s'allie mal avec le ton mesuré de la haute conversation. Nous avons jugé cette observation nécessaire, parce qu'il y a des personnes de province qui croiraient manquer d'une manière particulière aux règles de la prononciation si elles oubliaient de faire sentir une seule consonne devant une voyelle suivante.

Les liaisons pour la première personne du singulier ne sont pas exemptes non plus d'affectation, surtout quand on s'applique à n'en omettre aucune. Ajoutez que ces sortes de liaisons, pour la première comme pour la seconde personne du singulier, ayant lieu au moyen d'une *s*, cette consonne, qui est communément la marque du pluriel, semble impliquer contradiction et choque involontairement l'oreille.

La troisième personne du singulier n'offre pas le même inconvénient, parce que la liaison se fait au moyen du *t*, consonne si fréquemment employée au singulier; on peut en dire autant du participe présent.

Une autre liaison que le goût interdit généralement est celle des substantifs singuliers; comme dans: *le plomb et l'étain, un banc en pierre, un nid admirablement bien fait, une clef en or, un fusil à deux coups, un babil importun, le camp ennemi, un galop impétueux, un loup enragé, un sirop exquis, un berger attentif, un jardinier intelligent, un chat angora, un avis utile,* lisez *le plon et l'étain, une clé en or, un fusi à deux coups, un babi importun, le can en-nemi, un galô impétueux,* etc.

Les mots qui ont une consonne pénultième ar-ticulée ont un double motif pour ne pas faire sentir, à la liaison, leur consonne muette finale. Cette observation est applicable non-seulement aux substantifs, mais encore à toute espèce de mots suivis d'un régime non inséparable; ainsi, lisez : *un babillar importun, le tier état, à tor et à travers, l'univer entier, un discour étrange, un por excellent, un cheval for et vigoureux, il fut sour à toutes nos remontrances, il per à tous coups, je sor aujourd'hui, je par après demain, il est mor hier, un respec infini,* pour *un babillard importun, le tiers état, à tort et à travers, l'univers entier, un discours étrange, un port excellent,* etc.

Remarquez que dans tous ces exemples les mots ne sont suivis d'aucun régime inséparable; car alors il faudrait rétablir la liaison, comme dans *fort aimable, fort habile, un court espace de temps,* qu'on doit prononcer *for-t-aimable, for-t-habile, un cour-t-espace de temps,* parce que les adjectifs *aimable, habile,* le substantif *espace,* sont trois régimes inséparables par rapport au mot qui précède, et que la règle touchant ces sortes de régimes est invariable (voir page 172). *De part et d'autre, de part en part,* se disent aussi *de par-t-et d'autre, de par-t-en part.*

Évitez surtout les assonances ou cacophonies ridicules; ne dites pas, par exemple : *un attenta-t-affreux, son goû-t-es-t-horrible, un matelô-t-habile, pardonnon-z-au-z-autres, apprenon-z-au-z-hommes.*

La conjonction *et* ne se lie jamais à un mot suivant, pas même en poésie.

Telles sont les observations générales que nous avons dû faire avant de passer aux remarques particulières.

B.

Le *b* se fait toujours sentir à la fin des mots après une voyelle non nasale (1).

C.

Le *c* se fait également sentir à la fin des mots après une voyelle non nasale ou une consonne. Il n'est muet que dans *broc, croc, accroc, raccroc, escroc,*

---

(1) Les consonnes finales, précédées de voyelles nasales, ayant été analysées plus haut comme consonnes muettes, ne doivent entrer pour rien dans la présente analyse. C'est une observation que le lecteur voudra bien se rappeler, non-seulement pour le *b,* mais encore pour toutes les consonnes suivantes.

tabac, estomac, lacs, petits filets, *cric, arsenic, amict,* *échecs,* jeu, *porc, clerc, marc,* poids de huit onces, *Saint-Marc,* employé comme déterminatif, tels que *le lion de Saint-Marc, la place Saint-Marc ;* mais dans *saint Marc* évangéliste, *Marc,* nom d'individu, le *c* se fait sentir.

D'anciens grammairiens veulent qu'on prononce *respé* pour *respects.* Aujourd'hui le pluriel suit la prononciation du singulier, et se dit *respeke.*

Dans le discours soutenu, la liaison peut avoir lieu pour les substantifs *instinct, estomac,* tous deux suivis d'un adjectif : *un instinct admirable, un esto-mac affaibli ;* lisez *un instin-k-admirable, un estoma-k-affaibli.*

Domergue prétend que l'on peut et que l'on doit dire : *un escro qéffronté,* pour *un escroc effronté.* « Car ajoute-t-il, à la liaison *c* à la valeur de *q.* »

Il se trompe ; les consonnes muettes finales des substantifs ne se lient que très-rarement et par exceptions à une voyelle suivante ; le mot *escroc* n'a jamais fait partie de ces exceptions, non plus que *broc, croc, accroc, raccroc,* pour deux raisons : 1° parce que ces mots appartiennent au langage ordinaire; 2° parce que l'euphonie de l'*o* s'y oppose.

Mais le même grammairien a fait une observation juste lorsqu'il a dit : « Boileau aurait eu un faux scrupule si, n'osant faire sonner le *c* d'estomac, il nous avait privés des vers suivants :

. . . . . . « Le volume effroyable
« Lui rase le visage, et droit dans l'estomac
« Va frapper, en sifflant, l'infortuné Sidrac. »

CH

Le *ch*, qui a ordinairement la valeur du *k* à la fin des mots , ne se fait pas sentir dans un *almanach, des almanachs*, quand même le mot suivant commencerait par une voyelle.

Dans *punch*, que l'on prononce *ponche*, le *ch*, commě on voit, conserve la prononciation ordinaire.

D.

Le *d* est toujours muet à la fin des noms communs ou appellatifs , excepté dans *sud*.

Dans les noms propres français où naturalisés français, le *d* est également muet lorsqu'il n'est pas suivi d'une voyelle primitive. Ainsi, lisez *Gérard, Richard, Houdard , Bernard, Picard, Périgord, Arnaud, Brunéhaud, Millaud, Saint-Cloud,* etc., comme *Gérar, Richar,* etc. Il en est de même pour les noms étrangers où le *d* est précédé d'une *r*, parce que cette terminaison est éminemment française ; tels sont *Guilford, Cliford, Howard,* etc.

Mais le *d* final se fait sentir dans les noms étrangers, et dans les noms français, en très-petit nombre à la vérité, où il est précédé de l'une des cinq voyelles primitives *a, e, i, o, u ;* comme dans

Joad, *Conrad*, *Alfred*, *Obed*, *David*, *Valladolid*, *le Cid*, *éphod*, *Talmud*, *la sainte Hermandad*, etc., excepté *Madrid.*

Nous avons déjà dit qu'à la liaison le *d* équivaut au *t*. Cette conversion est d'autant plus heureuse pour les adjectifs masculins qu'elle en détermine le genre à la simple audition et sans le secours des yeux, comme dans *un grand homme*, *un froid écrivain*, qu'on prononce *un gran-t-homme*, *un froi-t-écrivain*; tandis que l'*e* muet ajouté au *d* pour le féminin, rendant à cette consonne sa prononciation douce ou ordinaire, suffit de son côté pour faire distinguer cette seconde forme de la première ; il ne faut donc pas dire, comme les Suisses et les Allemands : *une gran-t-affection*, *une profon-t-amitié*, pour *une grande affection*, *une profonde amitié.*

L'orthographe et la prononciation de l'adjectif féminin *grande* se sont altérées dans les substantifs composés, *la grand'chambre*, *la grand'salle*, deux termes de palais, *la grand'messe*, *une grand'garde*, avant-poste de cavalerie, *grand'mère*, *grand'-croix*, une des principales dignités de l'ordre de Malte, et aussi dans *j'ai eu grand' peur*, *il ne lui reste pas grand' chose*, *vous n'aurez pas grand' peine;* dans tous ces exemples, prononcez l'adjectif *grand'* comme *gran.*

F.

L'*f* s'articule à la fin des mots, excepté dans *clef*, *chef-d'œuvre*, *cerf*, bête fauve, *bœuf-gras*, *éteuf* (1), terme de jeu de paume, *nerf*, pris dans le sens propre et comme organe du mouvement chez les animaux, mais non lorsque ce mot signifie ce qui fait mouvoir, ce qui fait la force, comme dans cette phrase citée par presque tous les grammairiens : *l'argent est le nerf de la guerre* ; ici l'*f* s'articule.

Quant au pluriel *des œufs*, *des bœufs*, que quelques grammairiens veulent que l'on prononce des *eû*, des *beû*, nous renvoyons à la première partie de cet ouvrage, page 58, non sans engager de nouveau nos lecteurs à ne pas craindre de faire sentir l'*f* finale, excepté dans *bœuf-gras*, et lorsque le mot *œuf* est suivi d'un adjectif commençant par une consonne, comme dans *un œuf frais*, *un œuf rouge*, *des œuf frais*, *des œufs rouges*.

L'adjectif *neuf* (nouveau) fait aussi sentir l'*f*, comme dans des *habits neufs*, *des chapeaux neufs*.

L'adjectif numéral *neuf* change *f* en *v* devant un substantif commençant par une voyelle, comme dans *neuf hommes*, *neuf ans*, *neuf heures* ; prononcez *neu-v-hommes*, etc.

---

(1) Mais en poésie, disent les grammairiens, l'*f* d'*éteuf* se fait sentir à la liaison.

Un grammairien moderne, trompé sans doute par quelque fausse analogie, veut qu'on change *f* en *v*, pour toute espèce de mots, en cas de liaison avec une voyelle suivante ; c'est ainsi qu'il indique par exemple : *un chè-v-intrépide, un fiè-v-important, un reliè-v-extraordinaire, le ner-v-optique, un homme pensi-v-et réfléchi, du bœu-v-à la mode, un excessi-v-embonpoint, un moti-v-important,* etc. « Le changement de la consonne *f* en *v*, dit-il, est une des plus heureuses modifications introd uites dans notre langue. »

Nous ne devinons pas où l'auteur a pris cette règle de prononciation, qu'il recommande avec beaucoup d'instance ; le seul mot *excessif*, dans *un excessif embonpoint*, soutiendrait peut-être la discussion, si l'on s'en rapportait à quelques bouches parisiennes, qui prononcent en effet *un excessi-v-embonpoint*. Nous croyons néanmoins qu'il faut attendre un concours plus général avant d'admettre cette exception. Pour le présent on doit s'en tenir au seul adjectif numéral *neuf;* partout ailleurs le changement de *f* en *v* serait d'autant plus contraire au génie de notre langue, qu'en cas de liaison les consonnes molles des masculins se changent souvent en consonnes fortes. C'est ainsi, par exemple, que *d* équivaut à *t* dans un *grand homme, un profond abîme ; g* à *k* dans *un long ennui, un sang illustre, un rang éminent.*

Si l'on opposait *neuf hommes*, *neuf ans*, *neuf heures*, nous dirions que cela ne prouve rien, puisque l'adjectif numéral *neuf* sert pour le féminin comme pour le masculin; ce n'est donc qu'une exception parmi tant d'autres.

Quant à l'*s* du pluriel, s'adoucissant à la liaison et sonnant comme *z*, il n'y a rien là non plus qui contredise notre opinion; il est facile de voir que c'est un principe d'ordre et de netteté qui a fait établir cette prononciation : 1° parce que la liaison de l'*s* du pluriel a lieu pour le féminin comme pour le masculin; 2° parce que cette consonne, adoucie, empêche au contraire de confondre le pluriel avec les masculins singuliers à *s* forte; tels que; *as*, *amadis*, *aloès*, *mérinos*, *blocus*, etc. (Voir plus bas ce qui concerne l'*s* finale articulée.)

Mais une preuve beaucoup plus convaincante encore, ce sont les adjectifs masculins en *if*, formant une de nos plus nombreuses familles de mots, et se changeant en *ive* pour le féminin. *Neuf* (nouveau), *œuf*, font aussi *neuve*, *veuve*, au féminin; or, si tous ces masculins prenaient *v* au lieu de *f* à la liaison, où serait la différence du féminin? La langue française est trop sage, trop régulière dans sa forme, pour admettre une pareille confusion.

G.

Le *g* s'articule à la fin des mots excepté dans les

composés de *bourg* et de *berg*, tels que *faubourg*, *Cherbourg*, *Strasbourg*, *Luxembourg*, *Fribourg*, *Hambourg*, *Wurtemberg*, *Nuremberg*, *Spitzberg*, et aussi l'albanais *Scanderberg*, que plusieurs auteurs ont écrit *Scanderbeg*, entre autres Voltaire (1).

Mais dans le mot primitif *bourg*, nom commun et nom de ville, le *g* se fait sentir et prend le son accidentel du *k*.

Dans *berg* pris isolément, tel que la ville de *Berg*, le *g* se fait sentir aussi, et conserve l'articulation qui lui est propre.

Nous avons vu plus haut que les consonnes muettes finales des substantifs se lient rarement à une voyelle suivante. Il faut excepter *rang*, *sang*, suivis du mot avec lequel ils s'accordent. Ainsi lisez, principalement dans le discours soutenu : *un san-k-illustre*, *un ran-k-éminent*, *son ran-k-et sa fortune*, *de ran-k-en rang*, pour *un sang illustre*, etc.

On dit aussi, même dans la conversation, *suer san-k-et eau*, pour *suer sang et eau*.

Remarquez qu'à la liaison le *g* équivaut au *k*.

H.

L'*h* aspirée empêche toute liaison avec le mot précédent ; il ne faut donc pas dire, comme les gens du peuple à Paris : *dè-z-harens*, *dè-z-hannetons*,

______

(1) Il ne faut pas oublier d'ajouter au *g* muet final les mots où il est précédé d'une voyelle nasale.

16

dè-z-haricots,en-n-Hollande,un-n-Hollandais, etc.; ni, comme le fait observer Domergue, *l'hachis, l'hideux,* pour *le hachis, le hideux.* « Mais, on dira, ajoute le même auteur *dé zhyades, dé zhiéroglyphes, l'hiérophante, lé zhoirs, lé zhéritiers, l'hospodar de Valachie.* »

La voyelle initiale étant aspirée aussi dans *un, onze, onzième,* la particule affirmative *oui,* le verbe *ouïr,* on prononcera sans liaison *Louis onze, des ouï dire, j'avais ouï dire, tous vos oui ne me persuaderont pas, je serai chez vous vers les une heure;*

Ces rois, à *vous ouïr,* m'ont paré d'un vain titre.

A l'égard de *vers lè une heure,* pour *vers les une heure,* la plupart des grammairiens font observer, que c'est moins par aspiration que par l'idée du singulier, qui se présente naturellement à l'esprit, et repousse toute liaison du pluriel avec l'adjectif numéral *un.*

Nous ajouterons que c'est peut-être par analogie, ou par symétrie, qu'on s'est servi de cette phrase. On dit *vers les deux heures, vers les trois heures,* etc.; de là, par extension, *vers les une heure.*

Un pris adjectivement ou comme équivalent de l'article, ou employé dans les pronoms composés indéfinis, rejette l'aspiration; c'est pourquoi l'on écrit *l'un l'autre, l'un et l'autre, quelqu'un;* il **y a** donc liaison au pluriel comme dans *les uns et les* *autres, quelques-uns,* lisez *lè-z-uns et les autres, quelque-z-uns.* On dit aussi, *c'étai-t-un excellent homme, je n'en ai plus qu'un.*

J.

Il n'y a aucun mot français qui se termine par cette consonne.

K.

Le *k* se fait toujours sentir à la fin des mots; mais il n'appartient qu'à des noms étrangers.

L.

L'*l* s'articule à la fin des mots, excepté dans *babil* (1), *buril, nombril, outil, persil, sourcil, fournil, fusil, fils,* enfant mâle, *gentil,* agréable, *gril, ménil* et ses dérivés, tels que *Dépréménil, Duménil,* etc. ; quelques grammairiens ajoutent *gentil* (idolâtre), mot qui ne s'emploie plus guère qu'au pluriel masculin.

L'*l* se retranche, ainsi que le *d* et le *t*, dans les mots terminés en *auld* et en *ault,* mais ces deux terminaisons n'appartiennent qu'à des noms propres; tels sont *Arnauld, Renauld, Foucauld, Quinault, le Hainault, l'Hérault,* qu'on prononce *Arnau, Renau, Foucau,* etc. Par analogie, *Arnould,*

---

1) Tout a été dit sur l'*l* mouillée, pages 140 et suivantes; nous n'y reviendrons pas.

Sainte-Menehould, se disent *Arnou*, *Sainte-Menou*.

L'*l* est encore muette dans *pouls*, *soûl*, *cul*, *cul-de-jatte*, *cul-de-lampe*, *cul-de-sac*.

Sol, petite pièce de monnaie, se dit et s'écrit aujourd'hui *sou*.

De tous les mots à *l* finale muette il n'y a que l'adjectif *gentil* (agréable) qui puisse se lier avec une voyelle suivante ou une *h* muette, parce qu'il est le seul mot de cette terminaison soumis à un régime ou complément inséparable ; alors l'*l* de l'adjectif *gentil* se mouille, comme dans *gentil ami*, *gentil enfant*.

Les composés *gentilhomme*, *gentilhommière*, *gentilhommerie*, prennent aussi l'*l* mouillée ; mais au pluriel l'adjectif *gentil* fait sentir l'*s* de préférence. Ainsi, lisez : *des genti-z-hommes*, *de genti-z-amis*, *de genti-z-enfants*, pour *des gentilshommes*, etc. *Gentilhommière*, *gentilhommerie*, ne s'emploient guère qu'au singulier.

M, N (1).

Quand il n'y a pas de nasalité l'*m* et l'*n* s'articulent toujours, comme dans *Stockholm*, *Sem*, *Cham*, *Siam*, *rum*, *album*, *Tarn*, *hymen*, *amen*, etc.

------

(1) Nous avons expliqué, pages 80 et suivantes, les différentes nasalités de *an*, *en*, *in*, etc., *am*, *em*, etc., soit au milieu, soit à la fin des mots. Nous y renvoyons le lecteur.

Quelques anciens grammairiens recommandent *Béar* pour *Béarn;* nous croyons que ce mot se prononce aujourd'hui comme le *Tarn;* ce qui est plus correct et plus élégant.

L'*m* muette ne saurait entrer en liaison avec une voyelle suivante sans blesser l'harmonie du langage, parce que dans les mots à *m* finale il ne se rencontre que des substantifs ou des noms propres, et que les uns et les autres ne prennent point de régime inséparable. Cette observation s'applique aux cinq terminaisons *am*, *em*, *im*, *om*, *um;* on ne peut donc pas dire, même en poésie: *Adam-m-et Ève, la faim-m-et la soif, un essaim-m-enchanteur, le thym-m-et la violette, un nom-m-illustre, un parfum-m-exquis.*

Cette prononciation, que nous avons entendu employer par de beaux-esprits de province, est tout-à-fait fausse et ridicule.

La liaison de l'*n* muette finale avec une voyelle suivante ou une *h* muette n'est de rigueur, comme nous l'avons dit ailleurs, que pour les adjectifs suivis de leurs substantifs, pour les adverbes *bien, rien,* la préposition ou le pronom relatif *en,* le pronom indéfini *on,* les possessifs *mon, ton, son,* l'article numéral *un,* le pronom indéfini *aucun,* parce que ces différents mots ne peuvent être séparés de leur régime sans laisser la phrase incomplète et le plus souvent vide de sens.

Partout ailleurs la liaison de l'*n* est interdite. Aussi les personnes de province à qui nous reprochions tout-à-l'heure de faire sentir l'*m* dans *Adam et Eve, la faim et la soif,* etc., prononcent-elles fort mal lorsqu'elles disent, *a-t-on-n-envoyé? doit-on-n-aller? non-n-en-vérité,* donnez *m'en-n-un, son bien-n-est considérable, un soupçon-n-injuste, brin-n-à-brin, un an-n-entier,* etc.

P.

Le *p* final est muet dans les mots ordinaires ; tels sont *drap, galop, sirop, trop, coup, beaucoup, loup, corps,* auxquels il ne faut pas oublier d'ajouter les mots à voyelles nasales, tels que *champ, temps, camp, exempt, prompt, je rompts,* etc., et les noms propres français qui dérivent des noms ordinaires.

Le *p* se fait sentir dans *cap, laps, relaps, rapt, jalap, hanap, julep, salep, concept,* et aussi dans *cep* pris isolément, parce que ces mots ne font pas partie du langage ordinaire ; mais le composé *cep de vigne* rentre dans la première classe de mots et ne fait pas sentir le *p.*

Le *p* s'articule dans *Gap*, *Aups*, parce que ces deux noms ne dérivent d'aucun mot ordinaire.

Le *p* muet à la fin des mots ne saurait former une liaison agréable avec une voyelle suivante ; on ne peut pas dire *un lou-p-enragé, un champ-p-émaillé de fleur;* un hiatus, même en poésie, est préférable à ces sortes de liaisons, comme on le voit dans ce vers de Racine :

Je soupçonnais d'erreur tout le camp à la fois.

Prononcez : *Je soupçonnais d'erreur tout le can à la fois.*

Les adverbes *beaucoup, trop,* suivis du mot auquel ils appartiennent, exigent la liaison.

Dans le discours soutenu, disent les grammairiens, un *coup affreux, un coup inattendu,* se prononcent *un cou-p-affreux, un cou-p-inattendu.* Il y a néanmoins quelque chose de dur et de forcé dans ces deux liaisons, qu'on doit tâcher d'éviter.

Un grammairien moderne prétend que la finale *op* se fait toujours sentir à la liaison, et qu'on doit dire *un galo-p-impétueux, un siro-p-exquis,* pour *un galop impétueux, un sirop exquis.* Ce grammairien n'a pas pris sans doute la peine de vérifier ce qu'il avance, car, s'il eût écouté avec attention les personnes qui parlent bien, celles qui font autorité en matière de bonne prononciation, il se serait aperçu qu'elles n'emploient jamais ces sortes de liaisons, parce qu'elles sont tout-à-fait contraires au génie de notre langue, attendu que le *p,* si l'on excepte les adverbes *beaucoup* et *trop,* ne se rencontre qu'à la fin de quelques substantifs, et que ces sortes de mots, comme nous l'avons fait observer plusieurs fois, se lient rarement à une voyelle suivante, même lorsqu'ils ont pour finales des consonnes beaucoup plus douces que le *p*, et un son moins changeant de sa nature que celui de l'*o*, cette voyelle prenant une inflexion différente selon que la consonne qui vient après est muette ou articulée.

PH.

Le *ph* ne se rencontre à la fin des mots que dans *Joseph*, où il se fait sentir.

Q.

Le *q* ne se rencontre à la fin des mots que dans *coq*, où il se fait sentir, et dans *cinq*, qui suit la règle de *six, sept, huit, neuf, dix*. (Voir page 167.)

Les grammairiens veulent qu'on prononce un *co dinde*, pour un *coq d'Inde*; mais cette prononciation n'appartient plus guère qu'aux gens de la campagne; à Paris on fait ordinairement sentir le *q* dans *coq d'Inde*, comme dans *coq de bruyère*, parce qu'il n'y a aucune raison pour que la prononciation de l'un soit différente de celle de l'autre.

R.

L'*r* s'articule à la fin des mots, excepté, comme nous l'avons dit page 167 : 1° dans les infinitifs en *er*; 2° dans les mots de plusieurs syllabes terminés en *ier* et en *yer*, tels que *jardinier, bachelier, chevalier, soulier, foyer, volontiers, premier, dernier*, etc. ; 3° dans les mots en *cher* et en *ger* de plusieurs syllabes, tels que : *archer, boucher, bûcher, clocher, gaucher, rocher, berger, danger, boulanger, horloger;* ainsi, lisez *arché, buché,* etc.

Les noms propres français en *ier* et en *yer,* en *cher* et en *ger,* suivent la prononciation des mots ordinaires; tels sont *Dacier, Fléchier, Gerbier, Noirmoutier, Verdier, Viviers, Desnoyers, Boyer, du Rocher, du Verger, Angers, Roucher, Roger, Béranger,* etc., et aussi *Alger,* parce que ce nom nous est familier depuis long-temps; au lieu que le *Niger* continue de se prononcer *Nigère;* mais, pour peu que nous conservions notre influence en Afrique, il est probable que ce mot prendra plus tard la prononciation ordinaire.

Les monosyllabes en *ier,* en *cher* et en *ger,* rentrent dans la règle générale et font sentir l'*r;* mais les mots de cette classe se trouvent en très-petit nombre; ce sont *hier, fier, tiers, cher,* adjectif et adverbe; *Cher,* nom de géographie; *Thiers, Ger, Gers,* autres noms de géographie.

St.-Eucher, Fischer, Suger, font également sentir l'*r,* parce qu'aucun de ces mots n'est familier aujourd'hui. L'ancien substantif *alfier* se prononce aussi *alfière.*

Les gens du monde disent volontiers *Ténié* pour *Téniers,* peintre flamand, devenu presqu'un compatriote par sa grande réputation en France; cependant beaucoup d'artistes prononcent *Ténière,* mais

17

il pourait bien y avoir erreur de la part de ces derniers.

Toute autre terminaison que celle des infinitifs en *er*, des polysyllabes en *ier*, en *cher* et en *ger*, fait sentir l'*r*, excepté *monsieur* et *messieurs*, qu'on prononce *mossieú*, *messieú*. « Le *r*, effacé par le fréquent usage, dit Domergue, disparaît même en vers. »

L'*r* se perd aussi dans le substantif *gars*, qu'on prononce *gá*. Le cri de guerre des Vendéens était : *A moi les gars!*

De nos jours on dit encore familièrement et par mépris : *voilà un beau gars, ce sont de beaux gars.* De *gars* on a fait *garçon*, mot qui n'a rien d'injurieux et où l'*r* se fait sentir.

REMARQUE. D'anciens grammairiens autorisent la suppression de l'*r* dans les infinitifs en *ir* lorsqu'ils terminent la phrase ou qu'ils sont suivis d'un mot commençant par une consonne, comme dans : *il faut aller dormi, laissez-les couri, ils voulaient parti demain.* Cette prononciation a tout-à-fait vieilli et n'est plus en usage que dans quelques provinces reculées de la France. Le verbe *sortir*, pris substantivement, est peut-être le seul qui conserve quelque trace de cette ancienne prononciation, comme quand on dit : *au sorti de l'enfance, au sorti du logis;* mais il vaut encore mieux faire entendre l'*r*.

Nous avons vu dans la première partie de cet ouvrage qu'on supprimait aussi l'*r* dans beaucoup

de mots en *eur*; cette suppression n'a lieu aujour-
d'hui que pour les mots *monsieur* et *messieurs*, men-
tionnés ci-contre.

Dans le discours soutenu, et surtout dans les
vers, l'*r* finale des infinitifs en *er* peut très-bien se
lier avec la voyelle d'un mot suivant; l'*e* qui précède prend alors le son ouvert, comme dans: *il faut
respecter et chérir la vertu, il voulait aller attaquer
l'ennemi*; lisez: *il faut respectè-r-et chérir la vertu, il
voulait allè-r- attaqué l'ennemi* (1).

Dans la conversation ces sortes de liaisons seraient affectées et ridicules; il suffira de prononcer:
*il faut respecté et chérir la vertu, il voulait allé attaqué
l'ennemi*. « On ne doit pas craindre ces hiatus, dit
d'Olivet; la prose les souffre, pourvu qu'ils ne
soient ni trop rudes ni trop fréquents; ils contribuent même à donner au discours un certain air
naturel. »

Les adjectifs en *er* se lient à la voyelle d'un sub-

---

(1) Plusieurs grammairiens anciens et modernes ont prétendu que la liaison de l'*r* avec une voyelle suivante n'empêche pas l'*e* de rester fermé, et qu'on doit prononcer: *il faut
respecté-r-et chérir la vertu; il voulait allé-r-attaquer l'ennemi*. Mais cette intonation est tout-à-fait contraire à l'influence de l'*r* articulée sur l'*e* qui précède; aussi les bons auteurs reconnaissent-ils avec raison que l'*e* doit être ouvert dès
que la liaison de l'*r* a lieu, parce que toute autre prononciation
est physiquement impossible.

stantif suivant, d'après l'accord invariable de ces deux parties du discours ; comme dans *un premier amour, un dernier adieu, un singulier évènement, un entier abandon, un léger effort ;* dites, même dans la conversation : *un premiè-r-amour, un derniè-r-adieu, un singuliè-r-évènement, un entiè-r-abandon, un lé-gè-r-effort.*

Quant aux substantifs, ils ne sont susceptibles d'aucune liaison avec un mot suivant, comme on le voit dans ces deux vers de la Fontaine :

> J'ai lu dans quelque endroit qu'un meunier et son fils...
> Le meunier, à ces mots, connaît son ignorance...

et dans cet autre de Racine :

> L'étranger est en fuite, et le Juif est soumis ;
>
> (*Athalie.*)

qu'il serait tout-à-fait ridicule de prononcer : *le meuniè-r-à ces mots, le meuniè-r-et son fils, l'étran-gè-r-est en fuite.*

La même remarque est applicable à l'adjectif *meurtrier* dans :

> Au lacet meurtrier abandonner ses frères ;
>
> (*Bajazet.*)

parce que cet adjectif n'est pas suivi d'un régime inséparable, c'est-à-dire d'un substantif. Ainsi, dites, sans vous inquiéter de l'hiatus : *le meunié à ces mots ; le meunié et son fils ; l'étrangé est en fuite ; au la-cet meurtrié abandonner ses frères.*

Il ne faut pas oublier ce que nous avons dit sur les mots à régime inséparable ; c'est-à-dire que, si l'on ajoute l'*s* du pluriel aux adjectifs et autres équivalents, cette *s* suffisant à la liaison, la consonne qui précède redevient muette, pour ne pas multiplier les articulations finales. Ainsi on dira : *de légé-z-efforts, nos premié-z-amis, vos dernié-z-engagemens;* pour *de légers efforts*, etc.

S.

L'*s* est généralement muette à la fin des mots : les exceptions que l'on rencontre proviennent pour la plupart des langues étrangères, soit anciennes, soit modernes, et sont de quatre sortes :

Premièrement. Quelques mots communs à toutes les classes et qui n'ont pas encore subi la réforme française. Savoir : *as* et son composé *ambesas, madras, lampas, stras, vasistas, las, hélas,* deux interjections; *bis, câcis* ou *cassis, gratis, jadis, maïs, fils,* enfant mâle, *lis,* fleur (mais dans le composé *fleur-de-lis* l'*s* redevient muette), *mérinos, rhinocéros, calus, omnibus, rébus* (1), *prospectus, choléra-*

---

(1) Cependant le peuple commence à dire *madrá, vasistá, strà, lá! hélá! cáci, maï, mérinó, rhinocéró, cálu, rébu.* Autrefois *ananas, haras, avis,* faisaient sentir l'*s*. Ces mots ont subi depuis long-temps la réforme française. On pourrait bien en faire autant plus tard pour *madras, vasistas,* et plusieurs autres. Dans quelques provinces on dit : un *á,* les quatre *á,* l'*á* de cœur, l'*á* de pique; mais cette dernière prononciation n'est pas heureuse, parce qu'elle tombe sur un monosyllabe dénué d'articulation.

morbus, motus, mœurs, ours, mars, troisième mois de l'année ; *plus,* dans *il y a plus, je dis plus* ; l'adverbe *en sus; tous* pris substantivement ou placé à la fin d'une phrase, et, dans ces deux cas, employé sans article, sans substantif ou sans adjectif, comme dans : *tous l'ont ou, ils y étaient tous;* ajoutez *sus*, ancienne interjection ; *plus-que-parfait, plus-pétition*, terme de pratique.

On n'oubliera pas que l's est forte lorsqu'elle se fait sentir à la fin des mots ; ainsi, on prononcera : *âss, ambesâss, madrâss, vasistâss, hélâss, lâss, biss, câsiss, grâtiss, jâdiss,* etc.

Les personnes qui parlent bien sont dans l'usage de faire sentir aussi l's de l'adjectif *divers : divers motifs, des peuples divers;* mais devant une voyelle l's de *divers* reprend le son de *z : divers hommages, divers exemples;* lisez *diver-z-hommages diver-z-exemples.*

A la liaison du pluriel, *mœurs, fils, lis,* prennent également le *z : des mœurs innocentes, des fils aimables, des fils ingrats, les lis et les roses,* lisez : *des mœur-z-innocentes, des fi-z-ingrats, les li-z-et les roses.*

LA DEUXIÈME EXCEPTION comprend trois espèces de mots : 1° ceux qui ont passé du latin ou du grec en français avec peu d'altération, soit dans la signification, soit dans l'orthographe ; 2° quelques termes pris des langues modernes, que leur analo-

gie avec les précédents, ou leur emploi peu fréquent dans le langage , a fait ranger dans la même
classe , et auxquels par conséquent on a conservé
une prononciation particulière ; 3° toute espèce de
noms propres étrangers. De ces différents mots les
plus importants à connaître sont : *atlas, ad patres,
aloès, kermès, de profundis, lapis, agnus, angelus, orémus, chorus, fœtus, hiatus, Phébus, blocus, modus, pa-
pyrus*; et pour les noms propres, *Atlas, Barabas* (1),
*Joas, Agésilas, Epaminondas, Eurotas, Ladislas,
Ménélas, Ninias, Pélopidas, Pallas, Phidias, Vences-
las, Cérès, Damoclès, Periclès, Hermès, Xerxès, Ximenès, Artaxerxès, Anacharsis, Adonis, Eucharis,
Iris, Némésis, Sémiramis, Thémis, Tunis, Pâris*, nom
d'homme, *Burgos, Argos, Miños, Paphos, Paros,
Antinoüs, Argus, Brutus, Crésus, Cyrus, Mars, Damas*, nom de géographie, *Madras*, autre nom de
géographie.

Parmi les noms français ou naturalisés français,
ceux qui font sentir l's sont : *Arras, du Bartas, Bla-
cas, Brancas, Coutras, Cujas, Calas, Carpentras,
Duras*, ville, *Pézénas, Privas, Stanislas, Tartas,
Toyras, Varillas, Vaugelas, Bruéys, Clovis, Genlis,
la Lys, Médicis, Senlis*, et tous ceux en *us* : *Caylus,
Fréjus, Helvétius, Jansénius, Nostradamus*, etc.

Agnès , nom de femme, se dit communément a-

____

(1) Le peuple dit *Baraba*.

gnèze. Partout ailleurs les noms français ou naturali-sés français ne font pas sentir l'*s*. Tels sont *Thomas*, *Lucas*, *Lycas*, *Colas*, *Nicolas*, *le Bas*, *Maurepas*, *Dumas*, *Damas*, nom de famille, *Alexis*, *Albis*, *Châblis*, *Lévis*, *Louis*, *les Andelys*, *Paris*, capitale, *Arcis*, *Marcoussis*, *Maupertuis*, *Saint-Denis*; tels sont encore *Judas*, et le nom de *Jésus*.

Remarquez que la prononciation suit partout le même principe. Ainsi, par exemple, les noms fran-çais ou naturalisés français qui font sentir l'*s* sont pour la plupart fort peu usités aujourd'hui, surtout parmi le peuple; tandis que ceux qui ne font pas sentir l'*s* sont devenus familiers presqu'à toutes les classes.

Nous avons vu qu'à la liaison l'*s* équivaut au *z*.

T.

Le *t* final, de même que l'*s*, ne se fait sentir que dans un très-petit nombre de mots ordinaires : 1° dans *fat*, *immédiat*; l'adjectif *mat*, terne, qui n'a point d'éclat; *cobalt*, *opiat*, *juillet*, *alphabet*, *net*, et *cœtera*, *fret*, *accessit*, *déficit*, *ci-gît*, *tout-gît*, *gratuit*, *granit*, *subit*, *heurt* (choc), l'adverbe *soit*, à la bonne heure, *dot* (1); *but*, *brut*, *ut*, note de musique; les

____

(1) Par une exception assez singulière, que rien n'autorise, puisque l'étymologie reste incomplète quant à l'orthographe, de toute la nombreuse terminaison *ot*, le seul mot *dot* est du fé-minin; que n'écrivait-on *dote* au commencement ?

noms de nombre *sept*, *huit*, qui suivent la règle de *cinq*, *six*, *neuf*, *dix* (voir plus haut, page 167); le verbe *vêtir*, aux trois personnes du singulier: *je vêts, tu vêts, il vêt*; le substantif *fait* (1) employé au singulier, comme dans *des voies de fait*, prendre *quelqu'un sur le fait, un fait important, un fait remarquable*; mais au pluriel *fait* se prononce *fai*, et à la liaison l'*s* seule se fait sentir, comme dans *des faits importants, des faits extraordinaires*; lisez *des fai-z-importants, des fai-z-extraordinaires*.

2° Le *t* sonne encore dans les mots moins usités: *rapt, véniat, exéat, vivat, débet* (2), *tacet, ab hoc et ab hac, introït*; dans les noms propres *Apt, Anet, Josabet, Japhet*, mais non dans *Mahomet, Bajazet, Achmet*.

3° Les deux terminaisons *st, th*, se prononcent *ste, te*, comme dans *l'est, l'ouest, zist, zest, lest, Brest, zénith, luth, allioth*, étoile de la queue de la grande

---

(1) *Fait*, et plusieurs des mots précédents, se sont adoucis dans le langage du peuple; tels sont *opia, juillé, alphabé, né, fré, accessi, gratui, subi*, pour *opiat, juillet*, etc. Nous ne recommandons pas cette prononciation; nous ne l'indiquons ici que pour montrer la tendance du peuple à naturaliser les mots dont il se sert, et faire voir combien il est habile à saisir le genre particulier de sa propre langue, parce que son instinct reste libre au milieu du contact étranger et de l'infatuation des savants.

(2) Dans le commerce on prononce *débé*.

Ourse, *Nazareth*, *Génézareth*, *Elisabeth*, *Neth*, *Seth*, *Judith*, *Loth*, *Monmouth*, *Ruth*, *Saint-Just*; excepté *Goth*, *Visigoth*, *Ostrogoth*, le verbe *il est*, *Jésus-Christ*, *post-scriptum*; lisez *Gô*, *Visigô*, *Ostrogô*, *il é*, *Jésu-Cri*, *posscriptome*; mais *Christ* pris isolément se prononce *Criste*, parce qu'il s'emploie beaucoup moins fréquemment que son composé *Jésus-Christ*.

4° *Ct* se prononce aussi *cte*, comme dans *tact*, *exact*, *contact*, *correct*, *direct*, *infect*, *abject*, *strict*; excepté *amict*, *district*, et toutes la terminaison *pect*, tels que *respect*, *aspect*, *suspect*, *circonspect*, etc.; prononcez *ami*, *distrik*, *respek*, *aspek*, etc.

Quelques personnes disent *circonspecte* pour *circonspek*, mais cette prononciation n'est pas généralement reconnue par les grammairiens.

De la liaison du T.

Nous ferons remarquer que c'est au *t* surtout que convient l'observation faite ailleurs, que, plus les mots s'élèvent au-dessus du langage ordinaire, plus les liaisons deviennent nécessaires, comme dans: *l'orient et l'occident, un gouvernement admirable, l'esprit et la beauté.*

On s'exposerait néanmoins à des liaisons fausses ou ridicules, si l'on appliquait cette règle sans choix et sans discernement. La terminaison *ot*, par exemple, n'offre pas une seule liaison qui soit agréable à l'oreille. On dit bien en poésie:

Un dévo-t-aux yeux creux et d'abstinence blême ;

on dira bien encore : *un complo-t-affreux*, *le flo-t-irrité*, *le matelo-t-épouvanté;* mais toutes ces liaisons n'ont rien d'harmonieux, parce qu'elles sont contraires à l'euphonie de l'*o*.

Quelquefois on dit aussi : *c'est un so-t-ignorant*, *je n'ai plus qu'un mo-t-à vous dire;* ici c'est moins comme liaison que pour donner à la phrase plus de force et d'énergie ; on sent qu'au besoin on prononcerait de même devant une consonne : ce sont deux exceptions qui rentrent momentanément dans la classe des monosyllabes *fat*, *net*, l'adverbe *soit*, l'interjection *chut*.

Nous avons vu que la conjonction *et* ne se lie à aucune voyelle suivante, pas même en poésie; cela vient sans doute de ce que ce petit mot, l'un de ceux que l'on rencontre le plus fréquemment dans le langage, occasionnerait une répétition de *t* qui sonnerait fort mal à l'oreille.

V, W.

Nous n'avons aucun mot qui se termine par *v*. Quant au double *w*, sa prononciation comme lettre étrangère a été expliquée page 152.

X.

L'*x* se fait sentir à la fin des mots et prend la prononciation de *qs*, lorsqu'il est précédé de l'une des cinq voyelles primitives *a, e, i, o, u,* ou de *in* nasal, comme dans *thorax, borax, index, préfix, onyx, phénix, Styx, Fox, lynx, sphinx, Ajax, Astianax, Syphax, Pollux,* etc.

Mais *Béatrix, Cadix,* se disent *Béatrice, Cadice;* quant aux noms de nombre *six, dix,* formant une règle à part, nous renvoyons le lecteur à la page 167.

La préposition *ex,* jointe à un mot quelconque, fait aussi sentir l'*x*: *ex-voto, ex-gardien, ex-oratorien;* lisez, *èqse-voto, èqse-gardien,* etc. Remarquez que l'*x* final articulé n'appartient qu'à des mots qui sortent du langage ordinaire, ce qui en détermine la prononciation.

Au lieu que dans *crucifix, prix, perdrix, flux, reflux,* l'*x* ne se fait plus sentir, parce que ces mots appartiennent aujourd'hui à toutes les classes.

L'*x* final précédé d'une voyelle dérivée est muet aussi, parce que les mots où il se rencontre sont purement français, comme dans: *faix, paix, choix, noix, voix, croix, doux, roux, courroux, époux, jaloux, deux, heureux, preux, Morlaix, Meaux, Dussaux, Bordeaux, Evreux, Dreux,* etc.

Excepté *Aix*, qui se dit *Aiqse;* plusieurs grammairiens indiquent *Aisse;* nous croyons cette prononciation tout-à-fait surannée.

Z.

Le *z* est muet à la fin des mots ordinaires, comme dans *nez*, *rez* (de chaussée), *biez* (canal qui conduit l'eau sur la roue du moulin), *riz*, *assez*, *allez*, *venez;* lisez *né*, *ré*, *bié*, *ri*, *allé*, *vené*.

Mais à la fin des noms propres le *z* se fait sentir, comme dans *Rhodez*, *Suez*, *Alvarez*.

La terminaison *tz* se prononce de deux manières; par exemple, *Metz*, *Seltz*, *Sedlitz*, *Austerlitz*, *Coblentz*, se disent *Messe*, *Selse*, *Sedlisse*, *Austerlisse*, *Coblense*, parce que ces mots sont déjà anciens dans la langue et naturalisés pour la plupart.

De Retz, devenu très-populaire du temps de la fronde, se dit simplement *de Ré*.

Partout ailleurs *tz* se prononce *tse*, parce que les autres mots de cette terminaison sont bien moins usités que les précédents; tels sont *Pétrowitz*, *Czarowitz*, *Gortz*, etc.

TROISIÈME PARTIE.

SUPPLÉMENT AUX VOYELLES.

A.

L'*a* est doux par exception dans *bataillon, paillasse, paillasson*, quoique dérivés de *bataille, paille*.

L'*a* est moyen ou demi-grave lorsqu'il est précédé de la voyelle dérivée *ou;* cette augmentation est nécessaire pour faciliter le passage d'une voyelle à l'autre, comme dans *douane, escouade, gouache, rouage, Jouard, Souabe, Thouard, Edouard;* excepté *ouate*, qu'on écrit aujourd'hui plus communément *ouète*, à cause de l'*a* adouci.

Les mots où l'*u* et l'*o* prennent la prononciation de l'*ou* suivent la même règle; tels sont *algua-zil, aquarelle, joaillier, loquacité, équateur, équatorial, quaker, quatuor, la Guadeloupe, le Gua-dalquivir*.

La terminaison *atre* prend ordinairement l'accent circonflexe, comme dans *albâtre, pâtre, théâtre,* etc. Cependant quelques auteurs écrivent *atre, noiratre,* etc. Ce défaut d'accent n'empêche pas l'*a* d'être grave.

Il ne faut pas confondre avec les mots en *âtre*

le verbe *battre* et ses composés, tels que *combattre*, *débattre*, *rabattre*, etc.; le nom de nombre *quatre*; les substantifs *barathre*, *clathre*, ni la terminaison *astre*, comme dans *astre*, *désastre*, *piastre*, *pilastre*, *Zoroastre*. Tous ces différents mots se prononcent avec l'*a* doux.

Les mots qui font entendre au commencement *baz* ou *gaz* prennent l'*a* grave ; tels sont *basane*, *basin*, *Basile*, *basoche*, *basilic*, *basilique*, *gazon*, *gazette*, *gazouiller*, etc.

Il reste une soixantaine de mots pour compléter l'*a* grave, qu'il a été impossible de rattacher à aucune règle. Les voici, avec l'accentuation qui leur est propre : *affâble*, *âme*, *âmèn*, *ânis*, *âpi* (pomme d'), *âvé*, *âveline*, *bâcle*, *bâcler*, *barbâre*, *bardâne*, *bâstonnade*, *bâscule*, *bigârreau*, *bigârrer*, *câlin*, *câline*, *cârus*, *câsse*, *câsser*, *câssis* ou *câcis*, *clâsse* (mais non *classique*, *classification*), *climât*, *colimâçon*, *châblage*, *châblis*, *châssis*, *châtaigne*, *châtain*, *crâbe*, *débâcle*, *déclârer*, *démâcler*, *échâsses*, *esclâve* (mais non *esclavage*), *fâ*, *gâgner*, *grâce*, *disgrâce* (mais non *gracieux*, *disgracieux*, *graciable*), *galimâfré*, *grâtis* (mais non *gratuit*), *hâmeau*, *hâbleur*, *infâme* (mais non *infamie*), *jârret* (mais non *jarretière*), *lâ*, note de musique, *lâcer*, *lâpis*, *limâçon* (mais non *limace*), *mâcle*, *mâjeur*, *mâjorat* (mais non *majuscule*), *mâçon*, *mâflé*, *mârdi*, *mârs*, *mârtyr*, *mânnes*, les ombres des morts, *mânne*, suc congelé, *pârrain*, *mârraine*, *mâsure*, *mirâcle* (mais non *miraculeux*), *nâsal*, *nâseau*, *pâscal*, *pâsteur*, *pâter*, *ad pâtres*, *prâline*, *proclâmer*, *râcler*, *réclâmer*, *rogâton*, *tâsse*, *tâsseau*, et les dérivés de même.

Ajoutez, pour les noms propres, *Anne*, *Mariânne*, *Jeânne*, *Jâcques*, *Jâcob*, *Judâ*, *Bâr*, nom de plusieurs villes, *Bâcchus*, *Câdix*, *Jâson*, *Lâsne* ou *Lâne*, *Malabâr*, *Mont-Bâr*, *Mârs*, *Prâslin* ou *Prâlin*.

AI, AY.

Les chasseurs prononcent *dine* pour *daine* (femelle du *daim*).

Douairière se dit *douárière*.

Outre les mots en *aie* mouillé dont nous avons parlé dans la première partie de cet ouvrage, on trouve encore *bégaiement*, *essayerie*, terme de monnaie, et *déblaiement*, qui s'emploie aujourd'hui plus communément que *déblai*.

Les substantifs *braye* ou *braie*, *brayer*, *brayon*, *brayette*, *harpaye*, le verbe *bayer*, et son substantif *bayeur*, le cri de chasse *baye* ou *bayé*, se prononcent en détachant l'*a* de l'*y*, et comme s'il y avait *bra-ye*, *bra-yer*, *bra-yon*, *bra-yette*, *harpa ye*, *ba-yer*, *ba-yeur*, *ba-ye* ou *ba-yé*.

Gatayes, *Lafaye*, se disent aussi *Gata-ye*, *Lafa-ye*.

On reproche à Molière d'avoir écrit *bailler aux corneilles*, pour *bayer aux corneilles*. Nous ferons observer que cette orthographe est celle de bien des gens ; d'ailleurs elle ne change rien à la prononciation ; car *bailler* prononcé à la française, c'est-à-dire avec le mouillé ordinaire, donne aussi *bâ-ier*. Nous ajouterons que ce verbe n'est pas moins significatif que le premier ; nous serions même tentée de croire qu'on se servait autrefois de l'un comme de l'autre. Au reste, l'erreur de Molière n'est pas plus forte que celle d'un grand nombre de grammairiens, qui, s'autorisant de l'ancien verbe *béer*, dont ils font dériver *bayer*, veulent absolument qu'on prononce *bé-ier* ; ce qui est tout-à-fait contraire à l'usage générale, depuis Molière jusqu'à nous.

Si la prononciation du verbe *bayer* se fût altérée à la longue et eût donné *bé-ier*, comme on le prétend, qui empêchait d'écrire *beyer ?* cela eût été plus étymologique. L'orthographe actuelle du verbe *bayer* prouve donc évidemment qu'on a toujours dû prononcer comme du temps de Molière. En effet qui à jamais dit ou entendu dire : *bé-yer aux corneilles ?*

Quant à la dérivation de ce mot, nous croyons qu'il vient de l'ancien substantif *baye*, aujourd'hui *baie*, qu'on prononçait vraisemblablement *ba-ye* ; il signifiait fausse attente, tromperie faite à quelqu'un par plaisanterie. Les payens, comme on sait, attachaient beaucoup d'importance au vol des oiseaux,

principalement à celui de la corneille, qu'ils inter-
prétaient d'une manière heureuse ou malheureuse
selon que l'oiseau partait à la droite ou à la gauche
du spectateur ; ils étaient pour la plupart pleins de
superstition à cet égard, jusqu'à n'oser se mettre
en voyage tant que l'augure favorable ne s'était pas
montré à leurs yeux ; ils devaient attendre long-
temps, souvent inutilement, et *bailler* plus d'une
fois dans l'intervalle : de là sans doute quelque
proverbe latin rendu en français par la phrase :
bailler ou bayer aux corneilles.

Bayer diffère des autres verbes en *ayer*, par la
raison qu'étant fort peu usité dans le langage, puisqu'il se trouve aujourd'hui restreint à une seule
phrase, il rentre dans la classe des exceptions dont
nous avons parlé ailleurs, c'est-à-dire qu'il se prononce avec l'*a* détaché, comme dans *Blaye, Andaye,
Bayard, Lafayette,* etc.

Nous ne terminerons pas cet article sans faire
remarquer que le changement des finales *aye, eye,
oye,* en *aie, eie, oie,* n'est pas heureux, surtout pour
les mots où le mouillé se fait encore sentir, parce
qu'il comprend sous une même orthographe deux
prononciations bien différentes, et qu'il tend à détruire le peu de diphthongues sourdes qui nous
restent ; nos pères en étaient prodigues, nous en
sommes devenus avares (1). Elles contribuaient

---

(1) On pourrait faire la même observation par rapport aux

cependant à la variété des sons et donnaient beaucoup de douceur et d'harmonie au langage, comme
on peut en juger par ce vers de Boileau :

L'autre broie en riant le vermillon des moines;

et ces deux-ci d'un anonyme :

C'est un insigne affront qu'il paie avec usure...
Hélas ! j'essaie en vain d'affermir son courage.

Cette prononciation du *ye* mouillé avait l'avantage de faire éviter un grand nombre d'hiatus qui
existent de fait aujourd'hui depuis que les syllabes
sourdes finales ont été presque toutes détruites.

Sentant le besoin pour la prononciation d'adopter autant que possible une orthographe représentative des sons, nous souhaiterions qu'on rétablît
ye dans les mots où le mouillé se fait encore sentir,
et que l'on continuât de se servir de *ie* dans ceux
où la syllabe sourde n'a plus lieu ; par ce moyen
le lecteur serait averti de la prononciation qu'il
doit employer.

AU.

Au est doux, par exception, dans *auberge, auber-
gine, audace, audience, aulique, aumône, auspice, autel, authentique, auxiliaire, cauchemar, cauchois,*

---

voyelles graves : autrefois la prononciation en était hérissée,
aujourd'hui nous voudrions qu'il n'en existât pas.

fauteuil, glauber, mauvais, mauviette, naufrage, pau-pière, rauque, épaulette (mais non dans *épaule*); les noms propres *Saint-Aulaire, Ausche, Auvergne, Caulaincourt, Paul.* Les dérivés suivent la même prononciation. *Pourceaugnac* prend aussi l'*au* doux.

Nous avons dit dans la première partie de cet ouvrage que la voyelle *au* s'adoucit toujours devant l'*r*, excepté dans *vaurien;* à ce mot il faut ajouter *Beaurevoir, Beauregard, Maurepas,* et autres noms propres semblables, parce que ce sont aussi de véritables composés auxquels on a conservé une prononciation étymologique.

E.

L'*e* sans accent et sans consonnes redoublées à sa suite est sonore dans tous les mots purement latins ou italiens qui ont été adoptés dans notre langue : 1° pour le latin, les noms de psaumes ou de prières, tels que *l'angelus, l'ave-maria, le credo, le confiteor, le de profundis, le miserere, le requiem,* etc. ; 2° pour l'italien, quelques termes d'arts, principalement ceux qui appartiennent à la musique, comme *forte, sempre, tenor, amabile, cantabile, andante,* etc.

Lorsque nous parlons de l'*e* sonore sans en déterminer la nuance, nous voulons dire par là qu'il prend l'intonation que lui impose la règle à laquelle il se rattache ; ainsi, par exemple, dans *angé-*

lus, crédo, confitéor réquiem, orémus, dé profundis, té-nor, l'*e* de la première syllabe est fermé parce qu'il ne dérive d'aucun *e* ouvert, ou qu'il est suivi de l'un des quatre sons influents *e, i, o, u*. Mais à la fin de *réquièm* et dans *anthèra*, autre mot latin employé dans la pharmacie, l'*e* est ouvert à cause de l'*m* finale articulée dans le premier mot et de l'*r* placée à la suite de l'*e* dans le second. Le premier *e* de *misèréré* est ouvert aussi à cause de l'*r*, tandis que les deux suivants sont fermés. Dans *avé*, *forté*, *sempré*, *andanté*, *amabilé*, *cantabilé*, l'*e* est fermé comme étant placé à la fin des mots.

L'*e* médial est également sonore dans les noms propres étrangers *Andrea, Betis, Cephalonie, Cortesi, Delos, Manfredi, Medine, Piranesi, Pompeia, Tudela, Venezuela*, et aussi dans *Gaetan, Mont-Cenis*; ainsi lisez *Andréa, Bétis, Céphalonie*, etc., c'est-à-dire avec l'*e* fermé partout.

Remarquez que l'*e* fermé est le plus nombreux dans les noms étrangers, parce qu'il ne peut dériver d'aucun mot français.

L'*e* est encore sonore dans la première syllabe de *Théodore, Théodose, Cleveland, Hebrides, la Tremouille, Crecy, Medoc, Frejus, Kleber*, qu'on prononce *Théodore, Théodôse, Clév'lan, Hébrid'*, etc.

Depuis long-temps les bons auteurs écrivent la plupart des mots ci-dessus avec l'accent qui leur est propre. Ainsi toutes nos remarques précédentes

ne s'appliquent plus guère qu'à nos anciennes éditions.

Dans *régnerai-je, fêterai-je, prêterai-je, possé-
derai-je sécherai je, abrégerai-je, aimerai-je, aide-
rai-je, veillerai-je*, et autres verbes semblables, qui
du reste sont en fort petit nombre, les deux syllabes sonores font entendre le son de l'*e* moyen, à
cause de la grande analogie qui existe entre ces
sortes de futurs dubitatifs ou interrogatifs, et le
conditionnel des mêmes verbes; ainsi lisez *règn'-
rè-je, fêt'rè-je*, etc.

*Baleineau, chêneau, chêneteau, brièveté, grièveté,
ancienneté, honnêteté, rêverie, féverole, connétable*,
complètent l'*e* moyen, et se prononcent *balèneau,
chèneau, chèneteau, brièveté, grièveté, anciènneté,
honnèteté*, etc.

Lorsque la prononciation exige que l'*e* sourd
au milieu des mots soit un peu plus sonore qu'à
l'ordinaire, soit à cause d'une diphthongue consonne qui précède, ou de la difficulté des articulations, soit pour donner à la mesure d'un vers plus
d'exactitude et d'harmonie, l'*e* placé devant cet *e*
sourd prend l'intonation moyenne, comme dans je
*réglerai, vous réglerez, orfévrerie, vous aimeriez, vous
aideriez*. Ici les diphthongues consonnes *gl, vr*, la
terminaison *riez* imposant à l'*e* augmentatif une
valeur qu'il n'a pas coutume d'avoir, rendent l'*e*
qui précède, ou son identique *ai*, un peu ouvert;

cela vient de ce que les syllabes sourdes fortement accentuées donnent un son semblable à celui de la voyelle *eu* douce, l'un des quatre sons qui déterminent l'*e* moyen pour les dérivés de l'*e* ouvert.

On écrivait autrefois *aquéduc*, *dégré*, *déhors*; on écrit aujourd'hui *aqueduc*, *degré*, *dehors*; mais, malgré cette orthographe, on entend presque tout le monde prononcer *aquéduc*, *dégré*, *déhors* : il ne serait peut-être pas difficile de prouver que cette prononciation est plus française et plus harmonieuse.

L'*e* muet recommandé dans *quaker*, *stathouder*, *Lancaster*, *Leicester*, est ouvert dans *Westminster*; ainsi lisez, pour les premiers : *qouâkre*, *stathoudre*, etc., et pour le dernier, *Vestminstère*.

Les grammairiens recommandent l'*e* ouvert dans *je cachette une lettre, il furette partout.* « C'est un principe universellement reçu, dit Domergue, que deux syllabes sourdes consécutives ne peuvent terminer un mot. » Cette remarque est vraie ; néanmoins l'usage, qui prévaut à la longue, a rendu presque général dans la conversation: *je cach'te une lettre, il fur'te partout,* aussi bien que *il bèq'te, j'épouss'te, je feuill'te, je col'te, j'empaq'te, je caq'te, je fiss'le* pour *il béquette, j'époussette, je feuillette,* etc. C'est donc aux maîtres à tâcher de ramener la véritable prononciation de ces verbes.

D'après la règle des augmentatifs, on doit prononcer *je trouv'rai,* etc., *je trouv'rais,* etc. *danj'reux, danj'reuse, danj'reusement,* pour *je trouverai, je trouverais, dangereux,* etc., et non *je trouvérai, je trouvérais, dangéreux,* etc.; cette dernière prononciation, dont beaucoup de personnes se servent même à Paris, ne saurait avoir lieu aujourd'hui sans blesser les règles du langage, quoiqu'elle ait pu exister autrefois non-seulement pour *je trouverai, je trouverais, dangereux,* mais aussi pour tous les dérivés des mots en *er.*

L'*e* se supprime dans *Staël, Ruisdaël, Maëstricht;* par analogie *Staal* se prononce *Stal; Boerhaave* se dit aussi *Boèrave.*

Ey a la valeur de l'*e* muet dans *Talleyrand,* qu'on prononce généralement *Tal'ran,* et non *Taléran* (1).

EE.

Dans les noms propres anglais, les deux *ee* font entendre un *i: Fleetwood, Freeman, Greenwich,* lisez: *Flitwoud, Frimane, Grine-ouitche.* Cette prononciation n'a plus rien d'affecté aujourd'hui. *Spleen,* se dit aussi *spline.*

Dans *Beethoven,* célèbre compositeur allemand, on suit la même prononciation; ainsi, lisez *bithovène.*

----

(1) Nous avons expliqué ailleurs les motifs qui nous ont engagée à n'omettre aucun nom propre un peu important.

EU.

On peut regarder comme une règle générale, que *eu* est grave dans tous les mots qui sortent du langage ordinaire. Tels sont : *apédeutisme, deutéronome, eucrasie, eudiste, empyreume, feudiste, feudataire, ichneumon, neume, pentateuque, pharmaceutique, pneumatique, pseudonyme, thérapeutique, zeugme*, etc. ; lisez *apédeûtisme*, etc. ; et pour les noms propres de même, tels que : *Deucalion, Ceuta, Eubée, Eusèbe, Maubeuge, Neubourg, Teuton, teutonique, Newton, newtonien :* ici *eu* répond à notre voyelle *eû*.

Neuilly prend aussi l'*eu* grave.

EN, EM.

En se rend par *in*, dans *Appenzel, Bender, Bengale, Camoëns, Cavendish, Gertruydemberg, Marienthal, Marienbourg* ou *Mariembourg, Marienfeld, Odensée, Oxenstierne, Puffendorf, Rubens, Struensée, Wenceslas,* et aussi dans *Benjamin, Penthièvre, Mentor, benjoin, benzoïque, bentèque, compendium, effendi.*

En se rend par *ène* dans *Convent-Garden, Coventry, Culloden, Dryden, Lutzen, Philopœmen, Walchren, Yemen, Kraken* ou *Kraxen, Hayden* ou *Haydn,* et aussi dans *Groenland.*

Rouennerie se dit *rouanerie.*

Em se rend par *in* dans *Memphis*, ville de l'antiquité, *Sempronius*, *Bembo*, et *semper-virens*, qu'on prononce *sinper-virince*.

Em a encore la valeur de *in* dans quelques noms propres d'origine allemande ou hollandaise ; tels que *A-kempis*, *Nuremberg*, *Oldembourg*, *Rembrandt*, *Wurtemberg*, etc.

L'usage a prévalu sur la véritable prononciation de *sempiternel*, qu'on prononce *sinpiternel*.

O.

On prononce avec l'*o* grave *atome*, *axiome*, *alcove*, *diplome*, *fosse*, *fossé*, *geole*, *enjôleur*, *godron*, *grosil*, *idiome*, *malotru*, *momerie*, *momie*, *motus*, *odeur* (mais non *odorat*, *odorant*, *odoriférant*), *ôter*, *prône*, *prôner*, *rapsode*, *rapsodie*, *tome*, *symptôme*, *tope*, *toper*, *vomir*, *zone*. Les noms propres *Ancone*, *Brantome*, *Cobourg*, *Durosoy*, *Hanovre*, *Joseph*, *Momus*, *Roland*, *Rollin*, *Rollon*, *Rhône*, *Saône*, et les dérivés, suivent la même prononciation.

Les bons orthographistes emploient l'accent circonflexe pour la plupart de ces mots, les autres le rejettent : c'est pour cela que nous en donnons la liste au lecteur.

L'*s* muette suivie d'une syllabe sourde finale rend grave l'*o* qui la précède : comme dans *Cosme*, *Cosne*, *Saint-Jean de Losne*, *Le Nostre*; les *Vosges*.

Il y a plusieurs noms propres italiens dont nous

supprimons l'*o* final ; ce sont *Corregio, Caravaggio, Michel-Angelo, André del Sarto, Perugino, Guido*, que nous prononçons *le Corège, le Caravage, Mikel-Ange, André del Sarte, le Pèrugin, le Ghuide*. Nous prononçons aussi *Colomb*, ou plutôt *Colombe*, pour *Colombo*, fameux navigateur gênois qui fit la découverte de l'Amérique.

Dans quelques noms d'origine allemande les deux *oo* n'en font entendre qu'un grave : *Leo, Van-loo, Waterloo*, lisez *Lô, Vanlô, Waterlô*.

Dans les noms anglais les deux *oo* font entendre généralement *ou* : *Cook, Cooper, Liverpool*, lisez *Couk, Couper, Liverpoul*.

Beaucoup de personnes prononcent *tôste* pour *toast*, mot anglais introduit dans notre langue depuis une vingtaine d'années ; mais cette intonation grave est tout-à-fait contraire à notre prosodie, puisque *st* adoucit ordinairement *o* et *au* : c'est donc *toste* qu'il faut dire.

De OI *rendu par* AI.

De nos jours le son simple de *oi* s'écrit généralement par *ai* ; cependant, comme la nouvelle réforme ne peut atteindre nos anciennes éditions, et que d'ailleurs un grand nombre d'orthographistes continuent de se servir de *oi* pour *ai*, ce qui pourrait tromper le lecteur, nous allons donner des règles qui feront distinguer le son simple de la véritable diphthongue *oi*.

Le son simple de *ai* pour *oi* a lieu : 1° dans tous es imparfaits et les conditionnels des verbes, comme dans *j'aimois, tu aimois*, etc., *j'aimerois, tu aimerois*, etc.

2° Dans tous les noms de peuples ou de pays dérivés de ceux en *on, one* et *ogne ;* tels sont *Aragonnois, Bourbonnois, Bolonois, Crémonois, Japonois, Lyonnois, Mâconnois, Narbonnois, Piémontois, Polonois*, formés de *Aragon, Bourbon, Bologne, Crémone*, etc.

Prononcez de même, à cause de l'analogie, *Beaujolois, Niortois, Ecossois, Ecossoise, Bordelois, Charolois*.

3° Dans tous les noms de peuples ou de pays dérivés de ceux en *an*, appuyé le plus souvent sur une syllabe sourde finale, ou sur une simple articulation ; ainsi par exemple, de *Franc* ou *France, Angleterre* ou terre des *Angles, Hollande, Zélande, Finlande, Irlande, Islande, Orléans, Milan*, on forme *François, Anglois, Hollandois, Zélandois*, etc.

REMARQUE. *An* peut être représenté par *en* sans rien changer à la prononciation, comme dans *Mayence, Mayençois*.

Prononcez de même, à cause de l'analogie, *Béarnois, Navarrois, Vivarois, Chabanois, Albanois, Maltois, Rouennois*.

Les mots isolés *Marseillois, Nivernois, Gatinois, connoître, paroître, harnois, monnoie, ivroie, foible, roidillon*, et leurs dérivés, suivent la même prononciation.

Il ne faut pas oublier que dans tous les exemples précédents *oi* peut s'écrire par *ai*; il serait même à désirer que tout le monde adoptât définitivement cette orthographe, du moins pour les mots qui ne se rattachent à aucune règle.

Il est important de savoir que, dès l'instant où *oi* se prononce comme *ai*, il en suit toutes les variations. Ainsi, par exemple, *oi* est ouvert dans *j'aimois, j'aimerois, Bourbonnois, François, Anglois, monnoie, ivroie, connoître, paroître, foible, roide*, comme étant placé à la fin des mots, ou appuyé sur une syllabe sourde finale.

Dans *connoissance, connoisseur, nous connoissons, nous connoissions, tu connoîtras, il connoîtra, je connoissois, tu connoissois, il connoissoit, ils connoissaient, je paroîtrais*, etc., *oi* est moyennement ouvert, comme étant suivi de l'un des quatre sons *a, an, eu, on*, ou de la terminaison *ai* des imparfaits et des conditionnels des verbes.

Enfin, dans je *connoîtrai, vous connoîtrez, foiblesse, roidir, roidillon, affoiblir, affoiblissement, oi* prend le son de l'*e* fermé, parce qu'il est suivi de l'un des quatre sons *e, i, o, u*. (Voyez les différentes règles de l'*ai*, pages 10 et suivantes.)

De la diphthongue OI.

Hors les règles et les exceptions précédentes, *oi* est toujours diphthongue. C'est une règle géné-rale qu'il est beaucoup plus facile de retenir que toutes les distinctions établies par nos anciens grammairiens, et qui ne faisaient qu'embrouiller la mémoire.

Parmi les noms de peuples et de pays où la diphthongue *oi* se fait sentir, les plus importants à connaître sont *l'Angoumois, l'Autunois, Amboise, Albigeois, Agénois, Arbois, Auxerrois, Badois, Barrois, Bavarois, Calabrois* (1), *Carthaginois, Chinois, Crétois, Danois, Suédois, Gaulois, Gallois, Hessois, Hongrois, Francomtois, Hambourgeois, Strasbourgeois, Artois, Champenois,* le *Hurepoix, Valois, Valentinois, Viennois, Vermandois, Iroquois, Illinois, Saumurois, Siamois, Savoie, Rochelois, Rethélois, Rocroy, Pontoise,* parce qu'aucun de ces mots ne dérive de ceux en *on, onc, ogne* et *an.*

La diphthongue *oi* a lieu aussi dans les noms propres d'individus *François, Langlois, Antoine, Ambroise.*

____

(1) Quelques personnes prononcent *Calabrais.* Nous croyons cette intonation fausse et très-nouvellement hasardée.

De la diphthongue OIE *des verbes en* OYER (1).

La syllabe *oie* des verbes en *oyer*, et de quelques verbes en *oir* et *oire*, fait sentir une espèce de mouillé à la troisième personne du pluriel du présent de l'indicatif et du subjonctif, pour la distinguer de celle du singulier, comme dans *ils noient, qu'ils noient, ils croient, qu'ils croient, ils voient, qu'ils voient.* (L'explication de ce mouillé a été donnée à l'article de l'*i*, page 64.)

Beaucoup de personnes, donnant plus d'extension à cette règle, l'appliquent généralement à toute espèce de verbes terminés en *oie*, comme dans *que je croie, que tu croies, qu'il croie, que je voie, que tu voies*, etc., *je ploie, tu ploies*, etc., *je noie, tu noies*, etc., *je côtoie, tu côtoies*, etc.

---

(1) Une discussion relative à la syllabe sourde *ye* des verbes en *aye, eye* et *oye*, aujourd'hui *aie, eie,* et *oie,* s'étant engagée entre des personnes très-capables, on ne put néanmoins décider la question. Les partisans des nouvelles doctrines voulaient qu'on supprimât le *ye* mouillé comme suranné ; les autres, qu'on le conservât comme plus harmonieux, et l'on se sépara sans avoir rien conclu : d'où nous inférâmes que nous n'avions pas le droit de nous prononcer nous-même quand l'indécision avait été aussi flagrante. C'est ce qui fait que nous avons laissé subsister les différents passages qui ont rapport aux diphthongues *aie, eie, oie,* soit finales, soit médiales, nous contentant d'ajouter cette note.

Cette prononciation n'est pas dénuée de fondement, si l'on considère l'analogie qui existe entre les verbes en *oyer* et ceux en *ayer*. Il est même probable qu'elle a eu lieu autrefois, et l'on ne saurait nier que ce vers de Boileau, déjà cité :

> L'autre broie, en riant, le vermillon des moines,

n'ait bien plus d'agrément lorsqu'on fait sentir la syllabe sourde *ye* (1), et qu'on la lie avec la voyelle suivante.

ON, OM.

Om se prononce comme *on* dans les dérivés de *dom*, tels que *Domfront*, *Domremy*, noms de géographie, et aussi dans *Condom*, *Gondom*, *Edom;* mais on prononce *Epsome* pour *Epsom*, ville d'Angleterre, célèbre par ses eaux minérales, d'où l'on tire un sel combiné qu'on emploie dans la pharmacie ; ainsi, lisez *sel d'Epsome*.

Berg-op-zoom, *Demophoon*, *Laocoon*, se disent *Berg-ope-some*, *Démophon*, *Laocon*.

U.

L'*u* se fait entendre dans les syllabes *gui*, *qué*, *qui*, des mots isolés *consanguinité*, *inextinguible*, *linguiste*, *liquéfaction* (mais non *liquéfier*), *quinquen-*

---

(1) Nous employons *ye* pour *ie*, parce que cette orthographe, comme nous l'avons dit ailleurs, est plus propre à représenter l'ancienne diphthongue sourde des verbes en *aie*, *eie* et *oie*.

nal, quinquerce, quinquérème, aquila-alba, terme de chimie, *équiangle, équidistant, équilatéral, équimultiple, équiries,* fêtes romaines, *quindécagone, quindécemvir, Quirinus, quintette, quintetto, quintetti, quintil, quintuple, réquiem.*

Quelques grammairiens ajoutent *Quinte-Curce, Quintilien, quiétude, quiétisme, quiétiste.* D'autres les rejettent ; nous croyons en effet qu'ils suivent la prononciation ordinaire, surtout *quiétude,* d'où s'est formé *inquiétude.* Quant aux noms propres *Quinte-Curce, Quintilien,* Domergue et M. Boniface sont d'avis que l'*u* doit être muet.

« Les vieux professeurs de latinité, dit Domergue, font sentir l'*u* dans Quinte-Curce et Quintilien ; mais, ces deux mots étant devenus familiers, il vaut mieux les prononcer à la française. »

Quand l'*u* de *gua* et de *qua* est sonore, c'est toujours par *ou* qu'il se rend. Tels sont, outre les mots dont nous avons parlé dans la première partie, *quartz, quass, quaternaire, aquador, aquariens, aquatinta* ou *aquatinte, aqua-viva,* et généralement tous les mots qui commencent par *aqua* ; tels sont encore *adéquat, colliquation, desquamation, équation, liquation, loquacité, quanquam,* ancien terme de collège, qu'il ne faut pas confondre avec *quanquam,* bavardages, médisances : ce dernier se prononce et s'écrit aujourd'hui *cancan.*

Quinquagésime, quinquagénaire, quinquenove, se

disent aussi *cuincouagénaire, cuincouagésime , cuin-kenove.*

Gluck, célèbre compositeur allemand, se pro-nonce *glouk.*

UN, UM.

Un et *um* se rendent par *on* dans *bécabunga*, cres-son des fontaines, *nuncupatif, nundinales , rumb, résumpte, résumption , thrumbus , unguis* , et *umble*, qu'on écrit aussi *omble* et *ombre.*

SUPPLÉMENT AUX CONSONNES.

B.

On fait sentir les deux *b*, disent quelques gram-mairiens, dans *gibbeux, gibbosité.*

C.

Le *c* est muet dans *amict, arc-bouter, arc-boutant, bec-jaune*, mieux *béjaune;* ainsi, lisez *ami, ar-bouter,* etc.

Les noms propres italiens *Bracciolini, Carac-cioli, Crescentini, Dolci, Palavicini, Piccini*, se disent *Bratchiolini, Caratchioli, Chréchintini, Doltchi, Palavitchini, Pitchini.*

CH.

Lorsque le *ch* se rencontre dans un même mot

avec une voyelle marquée du tréma , on peut être assuré que ce mot est d'origine grecque ou latine, ou tout au moins orientale ; dans ce cas, le *ch* prend le son guttural , comme dans *conchoïde, conchoïdal, chaldaïque, archaïsme, Achaïe* (mais non *Achéens*), *Achéloüs, Achéloïde, Chosroës* ou *Chosroè*, *Archelaüs, trochaïque,* etc.

Remarquez qu'indépendamment de leur origine, ces mots sont en général fort peu usités ; c'est ce qui en détermine la prononciation.

Dans les noms propres italiens il est également d'usage de donner au *ch* la valeur du *k* ou du *c* guttural ; comme dans *Chiaramonte, Comachio, Ischia, Peschiera, Vecchia, Michel-Ange, Bianchi, Sacchi, Sacchini, Chérubini, Tiraboschi,* et aussi *Monaldeschi.*

On trouve encore pour le *ch* guttural, *anchylose, enchymose, archéographie, archéologie, archétype, archiépiscopat, archonte, aschariens, asiarchat, baccharis, bacche* ou *bacchique, bacchionites, batrachomyomachie* (lisez *batrakomiomachie*), *brachial, brachiode, brachion, brachiopode,* et tout *brachy* initial, sans exception ; ajoutez *bronchocèle, bronchotomie, buchante, cachexie, catéchumène, chalasie, chalaze, chalastique, chalcas,* genre de plante, *chalcédoine, chalcide, chalcis, chalcographe, chame, chaomancie, chélidoine, chiliarque, chiliade, chiragre, cholagogue*, *cholédoque*, *cholédographie*, *conchites*, *concholépas*, *conchyle*, *conchyliologie*, tout *chondr'* initial (1), *dichotomie*, *échomètre*, *éléosaccharum*, *enchiridion*, *épichérème*, *épiploschéocèle*, *inchoatif*, *ischiadique*, *ischème*, *ischiocèle*, *ischion*, *ischurie*, *lichen*, *lonchite*, *lonchitis*, *orchidées*, *orchis*, *psychagogie*, *psychologie*, *psychomancie*, *rachialgie*, *rachosis*, *schème*, *schène*, *schénobate*, *sinchide*, *stachys*, *tétrarchat* (mais non *tétrarchie*), *trescheur* ou *trécheur*, *trichiasis*, *trichocéphale*, *trichocerque*, *trichodes*, *trichomane*, *trochanter*, *trochée*, et les dérivés.

Les noms propres qui exigent le *ch* guttural sont, à notre connaissance, *Achab*, *Achate*, compagnon d'Enée, *Chabrias*, *Chaldée*, *Chaldéen*, *Chalcidius*, *Chaléis*, capitale de l'Eubée, *Cham*, *Chanaan*, *Chéronée*, *Chersonèse*, *Colchos*, *Jéchonias*, *Lachésis*, *Machabées*, *Melchior*, *Melchisédech*, *Nabuchodonosor*, *Orchomène*, *Sanchoniaton*, *Ticho-Brahé*.

Ajoutez encore tous ceux où la syllabe *char* se rencontre, tels que *Anacharsis*, *Charondas*, *Charès*, *Charidème*, *Bucharie*, *Bucharest*, *Epicharis*, *Eucharis*, *Eucharius*, *Issachar*, *Zacharie*, etc.

Dans le nom du prophète *Joachim* le *ch* se prononce aussi comme le *k*.

----

(1) Excepté, dans Landais, le mot *chondre*.

Les bons auteurs ont déjà commencé à réformer le *ch* guttural, comme dans *calcis*, *calcédoine*, *came*, espèce de coquillage, *arcaïsme*, *kyste*, *calibé*, etc., pour *chalcis*, *chalcédoine*, *chame*, *archaïsme*, *chiste*, *chalibé*. Espérons que cette réforme continuera. Cependant des orthographistes modernes se sont servis de nouveau du *ch* guttural dans beaucoup de mots où il avait été heureusement remplacé par le *c*, le *k* ou le *q*; c'est ainsi que nous avons vu reparaître *acharnar*, *chiste*, *chinorrhodon*, *scholie*, *scholiaste*, *scholaire*, *synecdoche*, etc., pour *acarnar*, *kyste*, *kinorrodon*, ou *quinorodon*, *scolie*, *scoliaste*, *scolaire*, *synecdoque*.

Came initial a été remplacé aussi par *chamœ* dans plus d'une vingtaine de mots.

Le *sch* d'origine allemande se prononce comme le *ch* français et le *sh* anglais ; tels sont *kirsch*, *schlague*, *schlich*, les noms propres *Schomberg*, *Schaffhouse*, *Schelestadt*, *Schwartzemberg*, etc.

G.

Gli a le son de l'*l* mouillée dans *Cagliari*, capitale de la Sardaigne, *bonne voglie*, terme de marins, *imbroglio*, embrouillement, confusion ; lisez *Caliari*, etc., à cause de leur origine italienne.

On prononce *miniature*, et non pas *mignature*,

cette dernière orthographe n'est plus en usage depuis que le *gn* mouillé a fait place à *l'n* simple.

Le *g* final se fait sentir dans *Young, Fielding, Hasting, Canning, Kiang, Hoang;* mais *Aureng-Zeb,* se dit *Auran-Zebe.*

Le *g* se détache de l'*n* dans *agnat, agnation, cognat, cognation, diagnostique, regnicole, ignicole, magnat, stegnotique, récognition, récognitif, géognosie, géognoste.*

H.

Nous avons dit, d'après Vaugelas et Restaut, que les mots dont l'*h* initiale existe en latin ne prennent pas l'aspiration; ce qui prouverait que les Latins prononçaient ainsi, c'est que les Italiens, dont la langue descend du latin plus directement qu'aucune autre, ont partout retranché l'*h*, excepté dans *ho, hai, ha, hanno :* encore y est-elle sans valeur. Ils ne s'en servent dans les autres mots que pour donner le son guttural au *c* et au *g* devant les voyelles *e, i.* D'après ces indices, la règle de Vaugelas et de Restaut, dont nous avons parlé page 124, serait doublement exacte.

Addition aux voyelles aspirées et non aspirées.

On a vu que *ha* initial est généralement aspiré; nous avons donné les exceptions qui font partie du langage ordinaire, nous allons ajouter les mots moins usités où *ha* ne s'aspire pas ; ce sont *hagio-graphe, hagiologique, hagleure* ou *haglure, halio-thide, haliothis, hallucination, hamanthus* ou *hama-gogue, hardilliers, harmale, harmatan, harmatone, harpagon, hast, haste, hasséquis.*

He s'aspire dans *henné, herpe, herpétique, herpé-tologie, heu!* interjection , *heurtequin.*

Ho s'aspire dans *hobereau,* oiseau de proie, *hoc, hoca, hocco, holemeut, hoqueton, horion.*

Hon n'est point aspiré dans *hongroyeur, honguette* ou *hongnette.*

Hu s'aspire dans *huard, hublot, huette, hulotte, hurhaut, hutin,* et dans le composé *chat-huant.*

L'*h* est aspirée dans les noms propres suivants : les *Huns,* peuples barbares sortis de la Tartarie, qui donnèrent leur nom à la Hongrie ; les *Hotten-tots, le Hampshire, le Hurepoix,* les *Hurons.*

Huron se trouve aspiré dans Voltaire et dans la plupart des auteurs. C'est sans doute par erreur que quelques nouveaux dictionnaires ont ôté l'as-piration à ce mot.

Par une espèce d'aspiration, ont dit de la *ouète,* et non de l'*ouète* ; on écrivait autrefois *ouate,* la prononciation adoucie de l'*a* fait qu'on écrit au-jourd'hui *ouète.*

L.

L'*l* suivie d'une autre consonne à la propriété, comme l'*r,* de rendre moyen l'*e* qui précède ; mais cette règle comprend à peine une douzaine de mots ; les plus ordinaires sont *delta*, *belvéder*, *Belgique*, *Elbeuf*, *Helvétius*.

L'*l* est muette dans l'ancien mot *courtil* : c'est le nom d'une des rues de Paris.

L'*l* est simple et non mouillée dans *fibrille*, *motacille*, *papille*, *pupille*, *scille* ou *squille*, *myrtille*, arbrisseau, *Dillon*, nom de famille, *Pérille*, inventeur du taureau de Phalaris, *Hypsitille*, maîtresse de Catulle.

L'*l* est redoublée dans *Anagallis*, *Agasillis*, *bellissime*, *Allah*, le nom de Dieu chez tous les Mahométans, *chinchilla*, *gilla*, *Illinois*, *parallaxe*, *polluer*, *scabellon*, *syllogisme*, et dans les noms italiens *Bellini*, *Pasiello*, *Stella*, *Zingarelli*, mais non dans *Lulli*, qu'on prononce simplement *Luli*.

Les deux *l* se mouillent dans *Sully*, et se prononcent comme dans *Amaryllis*, c'est-à-dire avec le mouillé soutenu.

Le mot *avril* se mouille, malgré l'opinion contraire d'un nouveau dictionnaire ; ce qui le prouve, c'est le vieux mot *avrillon*, terme de jardinage, dérivé d'*avril*, qui s'est conservé parmi les noms de famille, et qui se prononce *avri-ion*.

M, N.

Prononcez deux *m* dans *lemming*, *lipogrammatique*, *mammifère*, et deux *n* dans *annoise*, *ennéagone*, *henné*, *Brennus*, *Ennius*.

P, PS, PT.

Le *p* est muet dans *cheptel*.

Abrupt, Apt, seps, biceps, égilops, éthiops, hélops, Ops, Pélops, ips, se disent *abrupte, Apte, sepse, bicepse, égilopse, éthiopse, hélopse, Opse, Pélopse, ipse.*

RR.

Les deux *r* se font sentir dans *corroder, corrosion, irroration*, terme de chimie, et dans *j'écherrai, j'écherrais, je décherrai, je décherrais;* mais ces deux temps sont fort peu usités aujourd'hui.

On employait autrefois le futur et le conditionnel du verbe *choir*, qu'on prononçait aussi avec le redoublement.

Remarques sur les verbes ERRER *et* ABHORRER.

Dans *errer* et *abhorrer* les deux *r* ne se font bien sentir qu'à l'infinitif et aux deux participes : 1° parce que dans les temps où les trois personnes du singulier et la dernière du pluriel finissent par une syllabe sourde, c'est-à-dire par le son de l'*e* muet, cet *e* n'offre pas un appui suffisant aux deux consonnes articulées et détachées l'une de l'autre, de sorte qu'il est impossible de les faire entendre toutes deux à la fois; 2° parce que l'émission des deux *r* ferait confondre, à la simple audition, divers temps les uns avec les autres.

Quant au futur et au conditionnel, la prononciation de trois *r* immédiates, puisque l'*e* muet qui les sépare n'a aucune valeur par lui-même, ferait entendre un roulement tout-à-fait inusité dans notre langue ; ainsi, on ne saurait dire, *j'abhor-r-rai*, *tu abhor-r-ras*, *j'abhor-r-rais*, etc., *j'er-r-rai*, *j'er-r-rais*, etc. Ces deux temps des verbes *errer*, *abhorrer*, ne peuvent donc pas se prononcer autrement que le futur et le conditionnel des verbes en *rer*, tels que *je parerai*, *je parerais*, *j'amarrerai*, *j'amarrerais*, *je barrerai*, *je barrerais*, *je désirerai*, *je désirerais*, où l'on entend également deux *r* de suite, à cause de l'*e* muet placé entre les deux consonnes (1).

S.

Les Allemands et les Français du nord ont toutes les peines du monde à prononcer notre *s* douce, dont ils font presque toujours une *s* forte, comme dans *heureuse*, *peureuse*, *chose*, *rose*, *braise*, *fraise*,

---

(1) On nous avait engagée à supprimer nos observations sur les deux verbes *errer* et *abhorrer*. Notre propre conviction n'ayant pas été suffisamment ébranlée par les objections qui nous ont été faites, et d'ailleurs d'autres personnes ayant reconnu avec nous que les deux *r* articulées faisaient un très-mauvais effet dans les temps que nous venons d'indiquer, nous nous sommes contentée de rejeter ce passage à la fin du livre.

etc., qu'ils prononcent *heureusse, peureusse, chosse, rosse,* etc.

Nous avons déjà fait remarquer cette disposition particulière des Allemands et de ceux qui sont placés dans leur voisinage, disposition qui consiste à augmenter toutes nos articulations fortes. C'est ainsi, par exemple, qu'ils confondent *b, d, v, z, gz* (articulation douce de l'*x*), avec *p, t, f, c, s, qs* (articulation forte de l'*x*). Nous avons dit de plus que c'est sur les articulations adoucies qu'il faut les exercer de préférence.

On ne doit pas oublier que les consonnes se font généralement sentir à la fin des mots qui ne font pas encore, ou qui ne font plus partie du langage ordinaire; aux exemples déjà cités dans le corps de l'ouvrage nous ajouterons, pour l'*s* : *Abas, abraxas, chalcas* ou *calcas,* genre de plante, *hypocras, lépas, pancréas, psoas, vindas, xiphias,* constellation australe, *antarès, ad honorès, aspergès, cortès, diabétès, florès, agasillis, agastachys, amadis, anagallis, anagiris, anolis, antilis* ou *antillis, baccharis, berbéris, bœuf Apis, botrys, calcis, cauris* ou *coris, clématis, diésis, dervis* ou *derviche, eccanthis, éléphantiasis, galéopsis, hydatis, ibis, iris, isaris, isatis, lagomys, lébéris, légis, libanis, libanotis, lonchitis, lychnis, mélicéris, méphitis, métis, myrrhis, myosotis, oasis, ophrys, ophys, parésis, parisis, Phyllis, ptosis, propolis, pubis, quis* ou *quiss, rachitis, romi-*

nagrobis, splénitis, stachys, taraxis, unguis, volubilis, albinos, albornos ou *albornoz, amnios, los, lotos, monocéros, tétanos, abomasus, acarus, arcturus, bibus, blocus, bolus, canthus, carus, carolus, coccus, cocculus, costus, crocus, cubitus, committimus, échinopus* (prononcez *éki*) (1), *fœtus, fongus, fucus, garus, humus, hamanthus, langrenus,* l'une des taches de la lune, *obus, olibrius, ochrus, palus, pemphigus, plexus, quibus, quitus, régulus, rhus, sinus, sirius, thrumbus, tragus, thymus, tophus, typhus, volvulus, vidimus,* et *us,* dans les *us* et coutumes.

Il ne faut pas oublier non plus que les noms propres étrangers en *as, ès, is, os, us,* font sentir l's.

S articulée aussi dans *Camoëns, Clarens, Rubens, Mons,* nom de géographie, *Ems, Wouwermans, Worms,* et dans les noms français *Uzès, Saint-Tropès, Sées, Sénès;* quelques auteurs écrivent *Saint-Tropez, Séez, Sénez.*

Mais l's est muette dans *abdalas, quipos,* parce

---

(1) Nous donnons la prononciation entière de *échinopus,* parce que ce mot n'a pas encore été cité dans l'ouvrage; quant aux autres mots dont la prononciation pourrait embarrasser le lecteur, il sera nécessaire d'avoir recours, pour les syllabes embarrassantes, aux voyelles ou consonnes qui y correspondent. Ainsi, par exemple, pour *agastachys, baccharis, lonchitis, stachys, antillis, Phyllis, éléphantiasis,* on ira chercher : 1° au *ch* guttural; 2° à l'*l* redoublée et à l'*l* simple; 3° au *t,* pour la syllabe forte *tia.*

qu'elle n'y est employée que comme marque du pluriel.

S muette aussi dans *maravédis*, petite monnaie fictive d'Espagne, et dans *Saint-Mars*, nom de famille.

S médiale douce dans *Alsace, Arsace, Asdrubal, Betsabée, Brisgaw, disgrace, Israël, Lisbonne, presbytère, Strasbourg, Washington*, qu'on prononce généralement *Alzace, Arzace*, etc.

S forte dans *asymétrie, asymptote, asyndéton, coquesigrue.*

Melchisédech se-dit aussi *Melkicédek.*

S redoublée dans *transsuder, transsudation, transsubstantier, transsubstantiation* (1).

Plusieurs grammairiens modernes recommandent de faire sentir les deux articulations *sc* dans *effervescence, efflorescence, résipiscence,* et autres mots analogues peu usités dans le langage ; mais cette prononciation n'a lieu tout au plus que dans le discours soutenu.

On ne fait sentir qu'une *s* dans *ascension, assentiment, dissention, disséminer, essence, essentiel,* que certains puristes modernes affectent de prononcer *ass-sention, ass-sentiment, diss-sention,* etc., prononciation tout-à-fait hors de goût.

____

(1) Encore tous les grammairiens ne s'accordent ils pas sur cette prononciation.

T.

Le *t* équivaut à l's forte dans *gratiole, rational, rationalisme, ratiocination, ratiociner, rationnel, tortionnaire, scotie, mignotie, apositie, tribunitien, tribunitienne.*

La terminaison *antie* formait anciennement une famille de mots consacrés à l'art divinatoire. Le *t* y prenait le son de l's, ou de *ce*, par analogie sans doute avec les mots en *atie* qui existent encore dans la langue actuelle ; tels étaient *aéromantie, bélomantie, catoptromantie, céromantie, chiromantie, lychnomantie, oniromantie,* et quelques autres qui s'écrivent plus communément aujourd'hui par *ancie.*

Aïanties (fêtes en l'honneur d'Ajax) se prononce aussi *Aïancies.*

La préposition *anti* jointe à un mot commençant par un *a* n'empêche pas le *t* d'être dur ou ordinaire, comme dans *antiapoplectique, antiasthmatique, antiacide, antiarthritique,* et autres mots semblables qui pourraient survenir dans la suite et prendre rang parmi les mots français.

Le *t* est dur aussi dans *Critias,* nom grec, *tien,* le ciel chez les Chinois, *tutie* ou *tuthie, étioler, épizootie, époutieuse,* terme de métier qui vient d'*épouti,* ordure.

Il ne faut pas confondre *tya* avec *tia,* comme

dans *ptyalisme, ptyalagogue,* etc.: ici le *t* est dur, à cause de l'y.

Clitie s'écrit mieux *Clytie ;* cette dernière orthographe est plus conforme à la prononciation du *t* ordinaire.

Le *t* final s'articule dans *transéat, malt, belt, achit, aconit, biscapit, prurit, obit, transit, Tilsit, azimut, caput, indult, lut, rut.*

D'après la règle des mots en *tto* et en *tti,* le redoublement du *t* a lieu dans *quintetto, quintetti ;* ainsi, lisez *cuintète-to, cuintète-ti.*

Ne confondez pas avec les féminins en *tion, Pétion,* ancien maire de Paris, qui s'écrit mieux *Péthion,* ni le substantif masculin *amphictyon,* ni *Ephestion,* où le *t* est dur, non-seulement à cause du masculin, mais aussi à cause de l'*y* dans *amphictyon,* et de l'*s* dans *Ephestion.*

Dans *Fitzjames, Dantzick,* que l'on prononce *Fidjame, Dandzik,* le *t,* comme on voit, prend l'articulation du *d.*

<h3 style="text-align:center">X.</h3>

L'*x* est muet dans les composés *auxquels, auxquelles,* et dans les noms propres *Dixmude, la Dixmeric.*

On écrivait autrefois *dixme, dixmer;* on écrit aujourd'hui *dîme, dîmer,* ce qui est plus conforme à la prononciation.

Palixandre, sorte de bois à la mode, se dit et s'écrit aujourd'hui *palissandre*.

Z.

Les deux *zz* se prononcent *dz* dans quelques mots empruntés de l'italien ; tels sont *mezzo-forte, mezzo-terminé, mezzo-tinto*.

Durazzo, *Pestalozzi*, *Strozzi*, se disent aussi *Duradzo*, *Pestalodzi*, *Strodzi*.

Mais *lazzi, mezzanin, mezzanine*, se prononcent *lâzi, mézanin, mézanine*.

FIN.

TABLE RAISONNÉE

DES

MATIÈRES.

———➤◦◦◦◦◦◦◦◦————

Nota. Cette Table est un véritable abrégé de l'ouvrage : en relisant avec soin les pages dont elle se compose, on pourra savoir en fort peu de temps les principales règles de la prononciation. Ceux de nos lecteurs qui voudront acquérir une connaissance plus approfondie de l'harmonie de notre langue, de l'arrangement de nos sons, etc., devront avoir recours au corps de l'ouvrage.

————

INTRODUCTION.

EN.

IN.

ON.

FAUSSE PRONONCIATION DES VOYELLES.

A.

AU.

E.

EU.

O.

OI, OY.

P.

PH.

Q.

R.

S.

T.

Conversion de *TI* en *CI*.

V.

W.

X.

Z.

DU REDOUBLEMENT DES CONSONNES.

De la liaison des consonnes.

REMARQUES PARTICULIÈRES
SUR LES CONSONNES FINALES.

B, C.

D.

M, N.

P.

PH, Q.

R.

S.

T.

V, W.

X.

Z.

TROISIÈME PARTIE.

SUPPLÉMENT AUX VOYELLES.

L'*a* est moyen ou demi-grave dans les mots où il est pré-

EU.

EN, EM.

O.

OI.

ON, OM.

U.

SUPPLÉMENT AUX CONSONNES.

C.

X.

Z.

FIN DE LA TABLE DES MATIÈRES.